1er cycle du secondaire ▪ Manuel de l'élève
Volume 2

Perspective
MATHÉMATIQUE

Sylvio Guay
Jean-Claude Hamel
Steeve Lemay

Éditions Grand Duc ▪ HRW
Groupe Éducalivres inc.
955, rue Bergar, Laval (Québec) H7L 4Z6
Téléphone : (514) 334-8466 ▪ Télécopie : (514) 334-8387
InfoService : 1 800 567-3671

Depuis le 1er avril 2004, les Éditions HRW affichent
une nouvelle raison sociale, soit Éditions Grand Duc ▪ HRW.

REMERCIEMENTS

Pour son travail de vérification scientifique de la didactique et du contenu mathématique, l'Éditeur témoigne sa gratitude à M. Richard Pallascio, Ph. D., professeur au Département de mathématiques de l'Université du Québec à Montréal. Pour son travail de vérification scientifique de la didactique et du contenu historique, l'Éditeur souligne la collaboration de M. Louis Charbonneau, Ph. D., professeur au Département de mathématiques de l'Université du Québec à Montréal. Pour sa participation et son soutien de tous les instants, l'Éditeur tient à remercier M. Pierre Mathieu, conseiller pédagogique en mathématiques.

Pour les suggestions et les judicieux commentaires qu'ils ont apportés en expérimentant le matériel en cours de production, l'Éditeur tient à remercier les enseignantes et les enseignants suivants ainsi que leurs élèves de la 1re année du 1er cycle du secondaire :
de l'École secondaire Roger-Comtois, C. s. de la Capitale, MM. Bertrand Laberge et Marco Beaulieu, Mmes Marie-Claude Joly, Nathalie Bertrand et Hélène Paré ;
de la Polyvalente Robert-Ouimet, C. s. de Saint-Hyacinthe, Mmes Nathalie Boislard, Nicole Roby et Any Lambert, M. David Benoit ;
de l'École secondaire l'Assomption, C. s. du Chemin-du-Roy, M. Guy Gervais, Mmes Lise Gagné et Francine Paquin ;
de l'Académie Les Estacades, C. s. du Chemin-du-Roy, Mme Dominique Lemire ;
de la Cité étudiante Polyno, C. s. du Lac-Abitibi, M. Martin Blanc et Mme Diane Filiatrault ;
de l'École Sainte-Anne, C. s. des Bois-Francs, M. Stéphane Laroche Desharnais.

L'Éditeur tient aussi à remercier les consultantes et les consultants suivants :
de la C. s. Chemin-du-Roy, M. Guy Gervais, conseiller pédagogique ;
de l'École secondaire La Camaradière, C. s. de la Capitale, MM. Mario Banville et Pierre Bournival ;
de l'École secondaire des Patriotes, C. s. de la Seigneurie-des-Mille-Îles, Mme Katia Chartrand ;
de l'École secondaire Saint-Stanislas, C. s. de la Rivière-du-Nord, M. Paulo Da Costa et Mme Annabel Van Moorhem ;
de l'École Louis-Riel, C. s. de Montréal, Mme Inga Gnass ;
de l'École Edgar-Hébert, C. s. de la Vallée-des-Tisserands, Mme Marie-Josée Poirier.

CONCEPTION GRAPHIQUE : Marc-André Girard
ILLUSTRATIONS : Martin Gagnon, Bertrand Lachance, Jacques Lamontagne, Vincent Régimbald, Serge Rousseau, Pierre Rousseau et Yves Boudreau.

Nous reconnaissons l'aide financière du gouvernement du Canada par l'entremise du Programme d'aide au développement de l'industrie de l'édition (PADIÉ) pour nos activités d'édition.

CODE PRODUIT 3520
ISBN 2-7655-0041-X

Dépôt légal – 2e trimestre
Bibliothèque nationale du Québec, 2005
Bibliothèque nationale du Canada, 2005

Imprimé au Canada

1 2 3 4 5 6 7 8 9 0 II 4 3 2 1 0 9 8 7 6 5

TABLE DES MATIÈRES

Partie 3   223

Plan de la Partie 3 224

Dossier Climat : danger! **225**
Eurêka! 236
Je fais le point 240

Dossier Un problème universel **241**
Eurêka! 252
Je fais le point 256

Dossier Dans le gymnase **257**
Eurêka! 268
Je fais le point 272

Concepts et processus **273**

ZOOM SUR L'ARITHMÉTIQUE ET L'ALGÈBRE
Une page d'histoire : Nicolas Chuquet 274
Les nombres négatifs (comparaison, addition et soustraction) 275
Comparaison de fractions (fractions équivalentes, écritures équivalentes) 282
Multiplication de fractions (multiplication de fractions et de nombres fractionnaires) 288
Division par une fraction (expressions équivalentes) 294

ZOOM SUR LA PROBABILITÉ ET LA STATISTIQUE
Une page d'histoire : Adolphe Quételet 300
La moyenne arithmétique (calcul d'une moyenne arithmétique) 301

ZOOM SUR LA GÉOMÉTRIE
Une page d'histoire : Napoléon Bonaparte 306
Des propriétés géométriques (les angles intérieurs d'un triangle et le triangle isocèle) 307
Circonférence d'un cercle (calcul de la circonférence et le nombre π) 313
La médiatrice (médiatrice d'un segment) 319

Rond-point Au parc d'attractions **325**

Partie 4   329

Plan de la Partie 4 330

Dossier Jeux et stratégies **331**
Eurêka! 342
Je fais le point 346

Dossier Comment ont-ils fait ? **347**
Eurêka ! 358
Je fais le point 362

Dossier Rétrospective **363**

Concepts et processus **375**

ZOOM SUR L'ARITHMÉTIQUE ET L'ALGÈBRE
Une page d'histoire : Sophie Germain 376
Les diviseurs et les nombres premiers (caractères de divisibilité et les nombres premiers) 377
Les situations de proportionnalité (reconnaître une situation de proportionnalité et trouver
certaines valeurs) 384

ZOOM SUR LA PROBABILITÉ ET LA STATISTIQUE
Une page d'histoire : Blaise Pascal 390
La probabilité d'un événement (probabilité d'un événement et calcul des probabilités
à l'aide d'une grille) 391
Le dénombrement (diagramme en arbre et principe multiplicatif) 396

ZOOM SUR LA GÉOMÉTRIE
Une page d'histoire : Thalès de Milet 402
Quelques propriétés des angles (propriétés des angles) 403

Les retours **411**

RETOUR SUR L'ARITHMÉTIQUE ET L'ALGÈBRE
Le sens du nombre (grands nombres, pourcentages, fractions, nombres négatifs, caractères de divisibilité) 412
Les opérations (sens des opérations, opérations sur les nombres décimaux, opérations sur les fractions,
pourcentage d'un nombre, opérations avec les nombres négatifs) 414
Le raisonnement proportionnel (situations de proportionnalité, taux, raisonnement proportionnel) 417
L'algèbre (chaînes d'opérations, expressions algébriques, valeur numérique d'une expression algébrique) .. 418

RETOUR SUR LA PROBABILITÉ ET LA STATISTIQUE
La probabilité (probabilité d'un événement, dénombrement) 419
La statistique (diagrammes, moyenne arithmétique) 420

RETOUR SUR LA GÉOMÉTRIE
Les définitions et les propriétés de figures planes (propriétés et définitions des quadrilatères,
propriétés des angles, le cercle, la médiatrice) 422
La mesure (aire de polygones, circonférence d'un cercle) 425

Rond-point Une expo-math **427**

Ma mémoire **431**
Corrigé **445**
Glossaire **447**
Index **454**
Références iconographiques **456**

LA STRUCTURE DE *PERSPECTIVE MATHÉMATIQUE*

Le volume 2 de ton Manuel de l'élève A complète la 1re année
du 1er cycle du secondaire. Le volume 2 contient les parties 3 et 4.

Chaque partie comprend des situations d'apprentissage types organisées
autour d'un dossier de la même manière que dans le volume 1, ainsi
qu'une section Rond-point. La Partie 3 en comprend trois alors que
la Partie 4 en comprend deux. La Partie 4 comprend également
deux situations de réinvestissement.

Toutes les sections de ton manuel favorisent le développement
de tes compétences transversales et disciplinaires en mathématiques.

À la fin de ton manuel se trouvent la section Ma mémoire reprenant
les outils du volume 1, le corrigé des rubriques Je vérifie
mes connaissances, un glossaire reprenant les définitions des termes
mathématiques du manuel et un index.

LES SITUATIONS DE RÉINVESTISSEMENT

Les situations de réinvestissement,
intitulées dossier Rétrospective
et Les retours, te permettront
de mieux intégrer et de faire
le point sur tous tes apprentissages
de l'année, autant en ce qui concerne
tes compétences mathématiques que
tes connaissances. Voici en détail
ce que contiennent les situations
de réinvestissement.

LE DOSSIER RÉTROSPECTIVE

Tu reconnaîtras les dossiers de l'année
dans les situations-problèmes de ce dossier,
et tu te souviendras des compétences que
tu y as développées. L'exploration de
ces situations constituera une occasion
idéale pour procéder à une autoévaluation
du niveau de développement actuel
de tes compétences disciplinaires.

LES RETOURS

Les situations de la section Les retours
proposent des situations d'application
variées qui te permettront de réviser
les différents concepts et processus
exploités durant toute l'année scolaire.

LES ENCADRÉS

REPÈRES CULTURELS

> La roue est
> considérée comme
> l'une des premières
> inventions de l'être
> humain. Elle aurait
> été inventée environ
> 3500 ans av. J.-C.,
> en Mésopotamie.

Ces encadrés présentent
de l'information qui enrichit
ta culture personnelle
ou qui précise le sens
de la situation.

CONTENU MATHÉMATIQUE

> L'écart entre
> deux nombres est
> la différence entre
> le plus grand et
> le plus petit de
> ces nombres.

Tu trouveras dans
ces encadrés un contenu
mathématique ou
un conseil lié à l'activité
ou à la tâche proposée.

MÉTACOGNITION DE TYPE RETOUR

Ces encadrés te procureront l'occasion
de te questionner sur ta façon d'apprendre.

MÉTACOGNITION DE TYPE CIBLE

Les conseils donnés dans ces encadrés t'aideront
à te fixer des objectifs réalistes avant d'élaborer
un projet ou d'entreprendre une tâche.

Crois-tu que les membres de ta famille sont sensibles aux problèmes
liés aux changements climatiques ? Le travail que tu as fait dans
ce dossier peut-il t'aider à les convaincre de changer certaines
de leurs habitudes de vie ?

En **b),** ton choix de regroupement a-t-il été motivé
par un raisonnement mathématique ?

LES PICTOGRAMMES

 Utilise l'ordinateur.

 Utilise ta calculatrice.

 Utilise la feuille reproductible qui t'est offerte.

 Utilise tes instruments de géométrie.

 Écris dans ton journal de bord.

DOSSIER
Climat : danger !

Voyez comment vous pouvez participer à la diminution de l'émission des gaz à effet de serre.

Partie 3

DOSSIER
Un problème universel

Planifiez un projet ayant pour but de représenter par une chaîne humaine le symbole *Peace and Love*.

DOSSIER
Dans le gymnase

Découvrez un nouveau sport et mettez au point une stratégie défensive efficace pour y jouer.

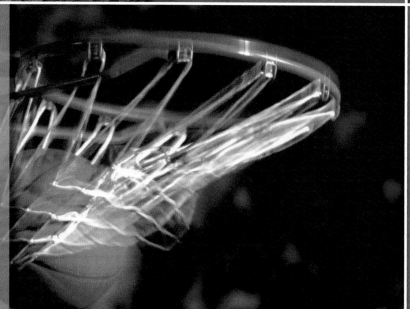

PLAN DE LA PARTIE 3

La Partie **3** est composée de trois dossiers. Chaque dossier te propose des situations-problèmes exigeant l'apprentissage de nouvelles notions. Pour mieux intégrer les divers concepts et processus, essaie d'abord de résoudre toi-même les situations-problèmes. Rends-toi ensuite aux sections ZOOM SUR… afin de consolider tes connaissances nouvellement acquises. Celles-ci te seront fort utiles dans la résolution des problèmes de la section Eurêka !

Avant de commencer la Partie **4,** assure-toi d'avoir bien travaillé toutes les notions et de les avoir réinvesties en réalisant les tâches du Rond-point.

DOSSIER
Climat : danger !
p. 225

Zoom sur l'arithmétique et l'algèbre
- Une page d'histoire : Nicolas Chuquet, p. 274
- Les nombres négatifs, p. 275

Zoom sur la probabilité et la statistique
- Une page d'histoire : Adolphe Quételet, p. 300
- La moyenne arithmétique, p. 301

Eurêka !, p. 236

Rond-point
p. 325

DOSSIER
Dans le gymnase
p. 257

Zoom sur l'arithmétique et l'algèbre
- La multiplication de fractions, p. 288
- La division par une fraction, p. 294

Zoom sur la géométrie
- La médiatrice, p. 319

Eurêka !, p. 268

DOSSIER
Un problème universel
p. 241

Zoom sur l'arithmétique et l'algèbre
- La comparaison de fractions, p. 282

Zoom sur la géométrie
- Une page d'histoire : Napoléon Bonaparte, p. 306
- Des propriétés géométriques, p. 307
- La circonférence d'un cercle, p. 313

Eurêka !, p. 252

Climat : danger !

Tornades, canicule, sécheresse, pluies torrentielles, inondations, verglas... Depuis une trentaine d'années, la fréquence des catastrophes météorologiques est en hausse au Canada et partout dans le monde.

Les météorologues sonnent l'alarme : la Terre semble se réchauffer, ce qui, à leur avis, entraînera des changements climatiques majeurs à l'échelle de la planète.

Te préoccupes-tu de ces changements climatiques annoncés ? Selon toi, y a-t-il quelque chose à faire pour diminuer l'ampleur des catastrophes naturelles ?

Selon les météorologues d'Environnement Canada, les changements climatiques pourraient être à l'origine d'un grand nombre de catastrophes en ce début du 21e siècle. Ces spécialistes basent leur prédiction sur les observations qui ont été faites, depuis plus de cent ans.

Dans Internet, tu pourras trouver des renseignements sur les différentes catastrophes survenues depuis le début du siècle.

Des phénomènes extrêmes

Observe le document 1 ci-dessous.

DOCUMENT 1

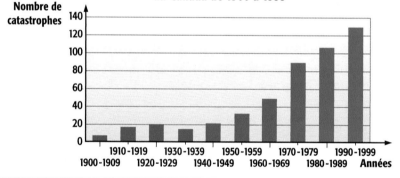

Nombre de catastrophes météorologiques au Canada de 1900 à 1999

Source des données : Protection civile Canada. Adaptation des données : Bureau national des indicateurs et des rapports environnementaux, Environnement Canada.

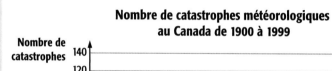

a Selon toi, que démontre ce diagramme ?

b Combien de catastrophes météorologiques par année y a-t-il eu au Canada durant les années 1990 ? Compare ce nombre avec celui des années 1920.

c Selon toi, si la tendance se maintient, à combien de catastrophes météorologiques faut-il s'attendre, au Canada, pour les périodes de 2000 à 2009 et de 2010 à 2019 ? Explique ta réponse.

Un exemple : la crise du verglas

En janvier 1998, pendant quatre jours, une **pluie verglaçante** tombe sur le sud-ouest du Québec. Sous le poids du verglas, des arbres ploient et cassent, des fils électriques se rompent et des pylônes s'écroulent. Une grande partie de la province se retrouve sans électricité.

Une **pluie verglaçante** est une pluie qui se change en glace aussitôt qu'elle touche une surface quelconque.

Le tableau du document 2 présente une estimation (pour les 10 premiers jours de la crise), du nombre d'abonnés privés d'électricité.

d Représente ces données à l'aide d'un diagramme à ligne brisée.

e Sur chaque segment de la ligne brisée, indique la variation du nombre d'abonnés sans électricité, qui y est représentée.

f Pour les abonnés privés d'électricité, pendant quels deux jours consécutifs l'évolution de la situation a-t-elle été

- le plus décourageante ?
- le moins décourageante ?

DOCUMENT 2

NOMBRE D'ABONNÉS PRIVÉS D'ÉLECTRICITÉ			
DATE	NOMBRE D'ABONNÉS (EN MILLIERS)	DATE	NOMBRE D'ABONNÉS (EN MILLIERS)
6 janvier	700	11 janvier	1000
7 janvier	550	12 janvier	800
8 janvier	1050	13 janvier	600
9 janvier	1300	14 janvier	500
10 janvier	1400	15 janvier	450

Source : Hydro-Québec.

Interroge des gens de ton entourage sur cet événement qui a secoué tout le Québec et qui est considéré comme la plus grande catastrophe survenue au Canada. Ont-ils été touchés de près par cette crise ?

Réalisation personnelle

À la fin de ce dossier, tu en sauras beaucoup plus sur les changements climatiques. Tu pourras alors te demander comment ta famille et toi pourriez changer certaines de vos habitudes de vie pour contribuer à améliorer la situation.

Situation-problème 1 ——→ **Concepts et processus** – Zoom sur la probabilité et la statistique
La moyenne arithmétique, p. 301 à 305

Du 19 au 21 juillet 1996, des pluies diluviennes s'abattent sur la région du Saguenay–Lac-Saint-Jean, provoquant une inondation sans précédent.
Un changement climatique profond pourrait être la cause de cette catastrophe inattendue.

Observe le document 3. Ce diagramme représente la quantité totale des précipitations sur le territoire qui constitue aujourd'hui la ville de Saguenay, durant les mois de juillet du 20e siècle. Quelques données sont manquantes.

DOCUMENT 3

Précipitations totales en juillet sur le territoire correspondant à la ville de Saguenay, de 1900 à 2000

Précipitations totales (mm)

— Station de Chicoutimi
— Station de Bagotville

Années

Source : Environnement Canada

a Que suggère ce diagramme ? Explique ton point de vue.

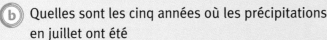

b Quelles sont les cinq années où les précipitations en juillet ont été

- les plus fortes?
- les plus faibles?

Que remarques-tu à ce sujet?

Voici des données plus précises sur les précipitations totales en juillet au début et à la fin du siècle.

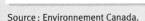

DOCUMENT 4

Précipitations totales en juillet sur le territoire correspondant à la ville de Saguenay, au début et à la fin du siècle

ANNÉE	1901	1902	1903	1904	1905	1906	1907	1908	1909	1910
PRÉCIPITATIONS TOTALES (mm)	53	64	124	137	57	19	61	65	73	157

ANNÉE	1991	1992	1993	1994	1995	1996	1997	1998	1999	2000
PRÉCIPITATIONS TOTALES (mm)	110	181	113	133	95	313	69	136	142	88

Source: Environnement Canada.

c Détermine une valeur représentative des précipitations en juillet pour une année du début du siècle et une autre pour une année de la fin du siècle. Compare ces deux valeurs. Que peux-tu en conclure?

Examine le diagramme ci-contre. Les points orangés indiquent des endroits sur la Terre où les précipitations ont diminué durant le 20e siècle. Les points verts indiquent des endroits où les précipitations ont augmenté. Plus le point est gros, plus la variation est importante.

Que peux-tu dire des changements relatifs aux précipitations sur la planète?

Variation des précipitations de 1900 à 2000

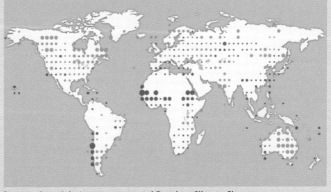

Source: Copyright Intergovernmental Panel on Climate Change.

Situation-problème 2 → **Concepts et processus** – Zoom sur l'arithmétique et l'algèbre
Les nombres négatifs, p. 275 à 281

Comme les précipitations, la température varie énormément. Des hivers rigoureux succèdent à d'autres plus cléments. Au jour le jour, la température se situe tantôt au-dessus de la normale saisonnière, tantôt au-dessous... On entend parfois dire que les hivers canadiens sont plus chauds qu'autrefois. Est-ce vraiment le cas ?

Depuis 1948, Environnement Canada calcule les **anomalies** de la température pour chaque saison.

Pour calculer la température moyenne de l'hiver au pays, on se sert de l'ensemble des températures mesurées dans toutes les stations météorologiques du Canada. Cette température moyenne varie d'une année à l'autre. Elle est parfois supérieure à la normale (**anomalie** positive) et parfois inférieure à la normale (**anomalie** négative).

DOCUMENT 5

ANOMALIES DE LA TEMPÉRATURE DE L'HIVER AU CANADA POUR LES ANNÉES 1948 À 2004, CLASSÉES DE LA PLUS CHAUDE À LA PLUS FROIDE

Année	Anomalie (°C)	Année	Anomalie (°C)	Année	Anomalie (°C)
1987	3,0	1955	1,1	1996	−0,4
1998	2,8	1992	0,9	1976	−0,4
1960	2,6	1961	0,8	1991	−0,5
2000	2,5	1997	0,7	1967	−0,5
1999	2,5	1963	0,5	1959	−0,6
1981	2,4	1968	0,5	1982	−0,6
1953	2,4	1983	0,4	1974	−0,9
2002	2,3	1978	0,3	1990	−1,0
2003	2,2	1948	0,3	1973	−1,1
1980	1,8	1969	0,2	1952	−1,1
1995	1,7	1975	0,1	1994	−1,2
1986	1,7	1984	0,1	1962	−1,2
1958	1,6	1989	0,1	1971	−1,3
1988	1,6	1951	0,0	1979	−1,5
1977	1,5	1993	−0,0	1949	−1,6
2004	1,5	1956	−0,0	1957	−1,7
2001	1,4	1954	−0,1	1965	−1,9
1964	1,3	1966	−0,3	1950	−2,6
1970	1,3	1985	−0,3	1972	−3,2

Des hivers plus chauds?

(a) Selon toi, peut-on affirmer, à l'aide de ces données, que les hivers se réchauffent au Canada? Explique ta réponse.

(b) Quelle a été la variation de température entre
- l'hiver le plus froid et l'hiver le plus chaud?
- l'hiver de 1950 et celui de l'an 2000?
- l'hiver de 1950 et celui de l'année de ta naissance?

(c) Calcule la moyenne des anomalies des années 2000 à 2004, puis celle des anomalies des années 1948 à 1952. Quelle est la différence entre ces deux moyennes?

(d) À l'aide d'un tableur, construis un diagramme à ligne brisée illustrant les anomalies de la température hivernale de 1948 à 2004. Il te suffit d'entrer les données du document 5 dans deux colonnes, puis de les trier par ordre croissant des années. Utilise ensuite la commande graphique pour tracer un diagramme à ligne brisée.

Le diagramme obtenu semble-t-il confirmer qu'il y a un réchauffement?

Explique ta réponse.

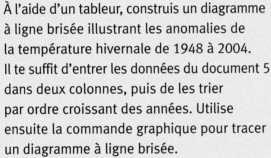

Fichier   Edition   Affichage   Insertion   Format   Outils   Données   Fenêtre   Aide

Anomalies

Trier...
Filtre
Grille...
Sous-totaux...
Validation...

Table...
Convertir...
Consolider...
Grouper et créer...

Rapport de tableau

Données externes
Actualiser les données

	A	B
1	Anomalies de la température de l'hiver au Canada	
2	Année	Anomalie (°C)
3	1987	3
4	1998	2,8
5	1960	2,6
6	2000	2,5
7	1999	2,5
8	1981	2,4
9	1953	2,4
10	2002	2,3
11	2003	2,2
12	1980	1,8
13	1995	1,7
14	1986	1,7
15	1953	1,6
16	1988	1,6
17	1977	1,5

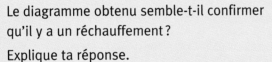

Réchauffement

*Selon la plupart des météorologues,
le réchauffement de la planète est la cause
principale de tous les bouleversements climatiques,
qu'il s'agisse de l'augmentation des précipitations,
de l'accroissement du nombre de tempêtes ou de la sécheresse.
Une question se pose alors : pourquoi la Terre se réchauffe-t-elle ?*

Qu'est-ce que l'effet de serre ? L'atmosphère entourant la Terre agit comme une couverture, conservant la chaleur près du sol. Plus exactement, elle a le même effet que les vitres d'une serre, laissant passer les rayons du soleil (en jaune dans l'illustration), mais empêchant une grande partie de la chaleur (en rouge) de retourner dans l'espace.

Observe le diagramme du document 6. Il illustre l'évolution de la température moyenne sur la Terre depuis plus d'un siècle.

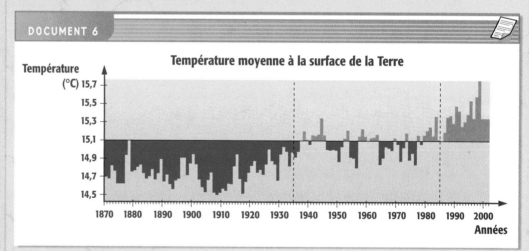

DOCUMENT 6

Source : School of environmental sciences, climatic research unit, university of East Anglia, Norwich, United Kingdon, 1999.

a) Estime le nombre qui représente le mieux la température moyenne

- avant 1935 ;
- de 1935 à 1985 ;
- après 1985.

Justifie chacune de tes estimations.

Si la température moyenne sur notre planète se situe aux alentours de 15 °C, c'est grâce à l'**effet de serre.** Sans lui, la température à la surface de la Terre chuterait de 33 °C ! Quelle serait alors la température moyenne ?

et effet de serre

Les gaz à effet de serre

Certains gaz rejetés en abondance dans l'atmosphère par diverses industries accentuent l'effet de serre. Il en est ainsi, par exemple, du **gaz carbonique.**

Le diagramme du document 7 illustre l'augmentation de la concentration de gaz carbonique dans l'atmosphère sur plus d'un siècle. Cette augmentation est aujourd'hui considérée comme la principale cause du réchauffement de la planète.

Le **gaz carbonique** existe depuis toujours à l'état naturel, mais les activités humaines (principalement celles qui sont liées à l'industrie, au transport et au chauffage) en produisent aussi des milliards de tonnes annuellement. Les plantes et les arbres absorbent une partie de ce gaz, mais ils ne suffisent pas à la tâche. Par conséquent, la concentration de gaz carbonique dans l'atmosphère augmente.

DOCUMENT 7

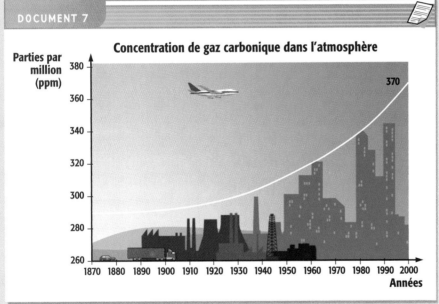

Concentration de gaz carbonique dans l'atmosphère

Parties par million (ppm)

Années

Source : TP Whorf Scripps, Mauna Lao Observatory, Hawaï, Institution of oceanography (SIO), university of California La Jolia, California, United States, 1999.

b Décris dans tes mots l'augmentation de la concentration de gaz carbonique dans l'atmosphère entre 1870 et l'an 2000.

c Si la tendance se maintient, estime la concentration de gaz carbonique en 2050.

d Formulons l'hypothèse suivante : une augmentation de la concentration de gaz carbonique dans l'atmosphère de 20 ppm entraîne une hausse de température de 0,1 °C. Selon cette hypothèse et ta réponse en **c**, quelle sera la température moyenne sur la Terre en 2050 ?

Que peut-on faire?

Le Canada, comme les États-Unis, est l'un des grands producteurs de gaz à effet de serre (GES) : il en émet plus de 600 millions de tonnes par année pour une population d'environ 30 millions de personnes. De ces émissions, 28 % sont directement attribuables à nos habitudes de vie. En moyenne, chaque Canadien ou Canadienne produit plus de cinq tonnes de GES par année.

Peut-on faire quelque chose pour diminuer ces émissions de gaz?

Le premier pas consiste sans doute à prendre conscience de nos habitudes de vie qui ont un impact négatif sur l'environnement. Le test de la page suivante t'y aidera.

 1er temps : À la maison

Avec l'aide de tes parents, si c'est possible, réponds aux questions du test. Note toutes les réponses pour pouvoir les analyser ensuite en classe.

 2e temps : En classe

Utilise la grille d'analyse et de calcul qui te sera remise pour évaluer tes réponses. Calcule ton pointage.

Après avoir partagé ton résultat avec tes camarades, détermine la moyenne des pointages de l'ensemble des élèves de la classe. Comment ton résultat se situe-t-il par rapport à cette moyenne?

3e temps : De retour à la maison

Selon toi, quels changements ta famille et toi pourriez-vous effectuer dans votre vie quotidienne pour abaisser votre résultat de 20 %?

Crois-tu que les membres de ta famille sont sensibles aux problèmes liés aux changements climatiques? Le travail que tu as fait dans ce dossier peut-il t'aider à les convaincre de changer certaines de leurs habitudes de vie?

Impact

Impact des habitudes de vie de ma famille sur la production de gaz à effet de serre

1) Comment, généralement, te rends-tu à l'école ou à tes activités : à pied, en patins à roues alignées, à bicyclette, en autobus, en métro, en train ou en voiture ?

2) Combien de voitures ta famille possède-t-elle ?

3) Lorsque vous roulez en famille sur l'autoroute, à quelle vitesse la personne qui conduit roule-t-elle la majeure partie du temps ?

4) Combien de fois par semaine manges-tu du bœuf, de l'agneau ou du veau ? de la volaille ou du porc ? du poisson ?

5) Pour te laver, prends-tu habituellement un bain, une longue douche ou une douche rapide ?

6) Chez toi, la lessive se fait-elle à l'eau chaude, à l'eau tiède ou à l'eau froide ?

7) En hiver, baissez-vous le chauffage pour la nuit ou lorsqu'il n'y a personne dans la maison ?

8) Dans ta famille, pratique-t-on les activités suivantes : la randonnée en motoneige, en motocyclette ou en VTT ? la navigation de plaisance sur un bateau à moteur ? le golf ? Si oui, lesquelles ?

9) À la maison, avez-vous un lave-vaisselle ?

10) Chez toi, utilisez-vous les bacs de recyclage pour trier vos déchets ?

Pour aller plus loin...

Qu'est-ce qui te préoccupe le plus concernant les changements climatiques ? Pour répondre de façon détaillée à cette question, effectue une recherche dans Internet. Des centaines de sites traitent de ce problème. Trouves-en un qui contient des renseignements chiffrés (tableaux de données, diagrammes, pourcentages, moyennes, etc.). Présente à tes camarades, de façon attrayante, le renseignement que tu juges le plus important. Donne des explications à son sujet et précise la raison pour laquelle il est important pour toi.

EURÊKA !

Au 3ᵉ siècle de notre ère, Diophante d'Alexandrie parle de son œuvre à des disciples.

Maître, de quoi est-il question dans ce que vous écrivez ?

Cette œuvre en plusieurs volumes aura pour titre Arithmétiques. Elle contiendra plus de 100 problèmes nouveaux pour faire découvrir la science des nombres.

Donnez-nous un exemple !

Un exemple ? Bien sûr. Laissez-moi réfléchir...

Voici... Comment peut-on trouver quatre nombres lorsqu'on connaît toutes les sommes possibles de trois d'entre eux ?

Disons, par exemple, que les diverses sommes possibles sont 20, 22, 24 et 27... Quels sont les quatre nombres recherchés ?

Les *Arithmétiques* de Diophante comprenaient à l'origine 13 livres, mais seulement 10 sont parvenus jusqu'à nous. L'ouvrage présentait environ 130 problèmes portant sur des nombres naturels et des fractions, ainsi que leur solution.

Cette œuvre importante a inspiré quantité de mathématiciens et de mathématiciennes au fil des siècles.

Saurais-tu trouver la solution du problème de Diophante ?

Les mathématiques et moi

Question de stratégie

Devant une situation-problème, il est normal, dans un premier temps, de ne pas savoir comment procéder pour la résoudre. Pour surmonter cet obstacle et trouver malgré tout une solution, les experts et les expertes en résolution de problèmes font appel à des stratégies efficaces. Voici quatre stratégies couramment employées pour résoudre des situations-problèmes mathématiques.

1 Procéder à des essais et analyser les erreurs pour découvrir la solution.

2 Trouver une régularité et s'en servir pour prévoir le résultat.

3 Commencer par la fin et travailler à rebours.

4 Diviser un problème en sous-problèmes.

a) Sur la feuille qu'on te remet, il y a des situations-problèmes qui peuvent être résolues à l'aide de ces stratégies. Pour mieux comprendre celles-ci, résous les situations-problèmes en suivant les indications qui te sont fournies.

b) Réponds aux questions ci-dessous.

1) Depuis le début de l'année scolaire, as-tu utilisé une ou plusieurs de ces stratégies pour résoudre une situation-problème mathématique ? Si oui, précise dans quel cas.

2) As-tu déjà utilisé d'autres stratégies de résolution ? Si oui, donne un exemple.

En essayant de résoudre les situations-problèmes des deux pages suivantes, tu éprouveras sûrement quelques difficultés. Prête attention aux stratégies que tu emploieras alors pour te sortir de l'impasse et élaborer une solution. Par la suite, conserve les solutions que tu auras trouvées en ayant recours à des stratégies que tu juges pertinentes.

1. Température étrangère

Aux États-Unis, la température se mesure en degrés Fahrenheit, alors qu'au Canada, et dans la plupart des pays du monde, on utilise le degré Celsius.

Il est possible d'établir une correspondance entre ces deux unités de mesure. En effet, on sait que

- l'eau gèle à 32 °F ou 0 °C ;

- l'eau bout à 212 °F ou 100 °C.

Si *n* représente le nombre de degrés Fahrenheit, alors son équivalent en degrés Celsius peut être calculé à l'aide de l'expression ci-dessous.

$$\frac{5}{9} \times (n - 32)$$

Par exemple, 50 °F correspondent à 10 °C.

Selon toi, le nombre indiquant la température en degrés Fahrenheit est-il toujours supérieur à son équivalent en degrés Celsius ? Justifie ta réponse.

2. De moins en moins

Est-il possible de placer les cinq cartes ci-contre sur les cases ci-dessous de manière à obtenir une égalité vraie ? Si oui, y a-t-il plusieurs solutions ?

3. Jogging mathématique

Pour aller chez son amie qui demeure à 2,4 km de chez elle, Louise marche rapidement, soit à 6 km/h, durant la première moitié du trajet, puis elle court à 12 km/h durant l'autre moitié.

Quelle a été la vitesse moyenne de Louise pour se rendre chez son amie ?

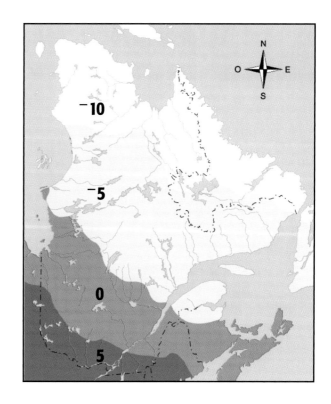

4. « Et pour le Québec, demain… »

La carte météorologique ci-contre permet de voir en un seul coup d'œil les prévisions de températures maximales pour une certaine journée partout au Québec.

Estime la température maximale prévue en moyenne cette journée-là pour l'ensemble du territoire du Québec.

Explique comment tu as procédé.

Je fais le point

Ta réalisation personnelle

> As-tu discuté de ton travail avec les membres de ta famille ? Quelles ont été leurs réactions ? As-tu réussi à les convaincre de changer certaines habitudes ?

> Selon toi, quel est l'argument mathématique le plus convaincant pour démontrer l'urgence de diminuer l'émission des gaz à effet de serre ?

Eurêka !

> Quelles stratégies tes camarades et toi avez-vous utilisées pour résoudre les situations-problèmes ?

> Reprends la feuille que tu as remplie sur les stratégies de résolution (Voir Les mathématiques et moi, p. 237). Changerais-tu, maintenant, certaines de tes réponses ?

Tes connaissances mathématiques

Un cours sur les nombres négatifs

Rédige un texte expliquant pourquoi la somme de –5 et de –6 est –11, et la somme de –5 et de 6 est 1. Ton texte doit pouvoir être compris par un ou une élève qui termine le dernier cycle du primaire. Si tu connais un ou une élève de ce cycle, fais-lui lire ton texte et vérifie sa compréhension en lui soumettant d'autres opérations à effectuer.

Découpage

Dans les pages sportives des journaux, la moyenne est souvent utilisée pour décrire les performances des athlètes ou des équipes professionnelles. Dans un journal, découpe un tel exemple d'utilisation de la moyenne, puis colle-le sur une feuille. Ajoute une explication du sens de cette moyenne. Explique aussi comment elle a été calculée.

Un problème universel

L e cercle est une forme géométrique qui fascine et intrigue l'être humain depuis longtemps.

Le cercle est intrigant, car il est difficile de déterminer précisément sa circonférence. En effet, il est beaucoup plus simple d'établir la longueur d'une ligne droite que celle d'une ligne courbe. Ce problème a intrigué toutes les sociétés qui se sont intéressées au cercle, que ce soit en Égypte, en Grèce ou en Chine. C'est en quelque sorte un problème universel.

Et toi, connais-tu des problèmes d'aujourd'hui qui touchent toutes les sociétés ?

Concepts et processus – Zoom sur l'arithmétique et l'algèbre
La comparaison de fractions, p. 282 à 287

De quelle époque...

Déjà vers l'an 2000 av. J.-C., en Babylonie et en Égypte, on s'intéressait au problème suivant : Combien de fois un diamètre d'un cercle « entre-t-il » dans la ligne courbe représentant ce cercle ?

La stèle ci-dessus représente la prêtresse Deniouen Khonsou et le dieu égyptien Rê, paré du disque solaire. Érigé aux alentours de 850 av. J.-C., ce monument montre que la forme circulaire du Soleil (et de la Lune) est à la base de l'intérêt pour le cercle.

Et si tu explorais à ton tour la question ?

Matériel autorisé

- Une bande de papier.
- Une ficelle.
- Un compas.
- Une règle.
- Des ciseaux.

Marche à suivre

- Sur la feuille qu'on te remet, un cercle est tracé. Au verso de cette feuille, trace à ton tour un autre cercle, assez grand.

- Pour chacun des deux cercles, trace un diamètre.

a) Dans chaque cas, combien de fois le diamètre tracé « entre-t-il » dans la ligne courbe formant le cercle ? Ta réponse doit être précise.

b) Compare le résultat de ton expérimentation avec celui de tes camarades. Quelle conclusion en tirez-vous ?

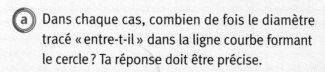

Les civilisations babylonienne et égyptienne n'ont pas été les seules à s'intéresser à cette question.

Nous, en Babylonie, on considérait que le diamètre d'un cercle «entrait» 3 fois et $\frac{1}{8}$ dans la ligne courbe formant ce cercle*.

Selon nous, en Égypte, c'était plutôt 3 fois et $\frac{13}{81}$*.

En Inde, nous pensions que c'était 3 fois et $\frac{177}{1250}$*.

Pour nous, en Chine, c'était plutôt $3\frac{16}{113}$*.

* Texte adapté au langage d'aujourd'hui.

2000 av. J.-C.   **1650 av. J.-C.**   **Au 4ᵉ siècle**   **Au 5ᵉ siècle**

c) Et toi, d'après l'expérimentation que tu as faite, de quelle époque es-tu? La valeur que tu as obtenue est-elle plus près de celle qui a été établie par les Babyloniens, les Égyptiens, les Indiens ou les Chinois?

Réalisation personnelle

À la fin de ce dossier, tu devras planifier la représentation à grande échelle du symbole *Peace and Love*. Tu sais sûrement que ce symbole est formé, entre autres, d'un cercle. Dans les pages du présent dossier, tu acquerras des connaissances sur le cercle, qui te seront utiles dans la planification de cette représentation.

Archimède
s'attaque au problème

Grosso modo, Archimède a répondu à cette question en coinçant un cercle entre deux polygones réguliers.

Si l'on trouve, dans l'illustration ci-contre, combien de fois le diamètre « entre » dans la ligne qui forme l'hexagone régulier et combien de fois le diamètre *entre* dans la ligne qui forme le carré, on aura une bonne idée du nombre de fois qu'il « entre » dans la ligne courbe formant le cercle.

> Un polygone régulier est un polygone ayant tous ses côtés isométriques et tous ses angles intérieurs isométriques.

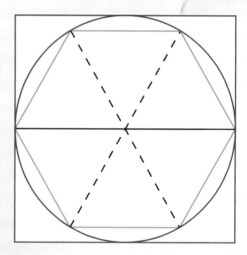

Même à l'époque d'Archimède (v. 287 av. J.-C. - v. 212 av. J.-C.), la question demeure : Combien de fois un diamètre d'un cercle « entre-t-il » dans la ligne courbe représentant ce cercle ? Mais, contrairement à ses prédécesseurs, Archimède l'a abordée en ayant recours à la déduction plutôt qu'à l'expérimentation.

a) Combien de fois le diamètre représenté « entre-t-il » dans la ligne qui forme le carré ? Justifie ta réponse à l'aide de propriétés géométriques.

b) Combien de fois le diamètre représenté « entre-t-il » dans la ligne qui forme l'hexagone régulier ? Justifie ta réponse à l'aide de propriétés géométriques.

c) As-tu une idée maintenant du nombre de fois que ce diamètre « entre » dans la ligne courbe qui forme le cercle ? Explique ta réponse.

En augmentant de plus en plus le nombre de côtés des polygones réguliers pour coincer de plus en plus le cercle, on peut déterminer plus précisément la valeur recherchée.

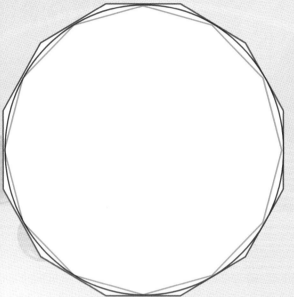

Archimède a même imaginé « coincer » un cercle entre deux polygones réguliers à 96 côtés ! Cela lui a permis d'obtenir une valeur très précise en réponse à la question posée.

Dans mon texte intitulé De la mesure du cercle, j'affirme que le périmètre de tout cercle vaut le triple du diamètre augmenté de moins de la septième partie, mais de plus de la dix soixante et onzième partie du diamètre.

d) Si l'on traduisait l'intervalle trouvé par Archimède à l'aide de nombres décimaux, quel serait cet intervalle ? Arrondis les nombres au dix-millième.

e) Au centième près, quel serait alors le nombre de fois qu'un diamètre d'un cercle « entre » dans la ligne courbe représentant ce cercle ?

ÉPISODE DE π

Ce n'est qu'au 18e siècle que l'on désigna par une lettre le nombre de fois que le diamètre d'un cercle « entre » dans la ligne courbe représentant ce cercle.

On nota cette valeur à l'aide de la 16e lettre de l'alphabet grec, la lettre π (qui se prononce *pi*). Ainsi, selon le raisonnement d'Archimède, la valeur de π est comprise entre

$$3\frac{10}{71} \text{ et } 3\frac{1}{7}.$$

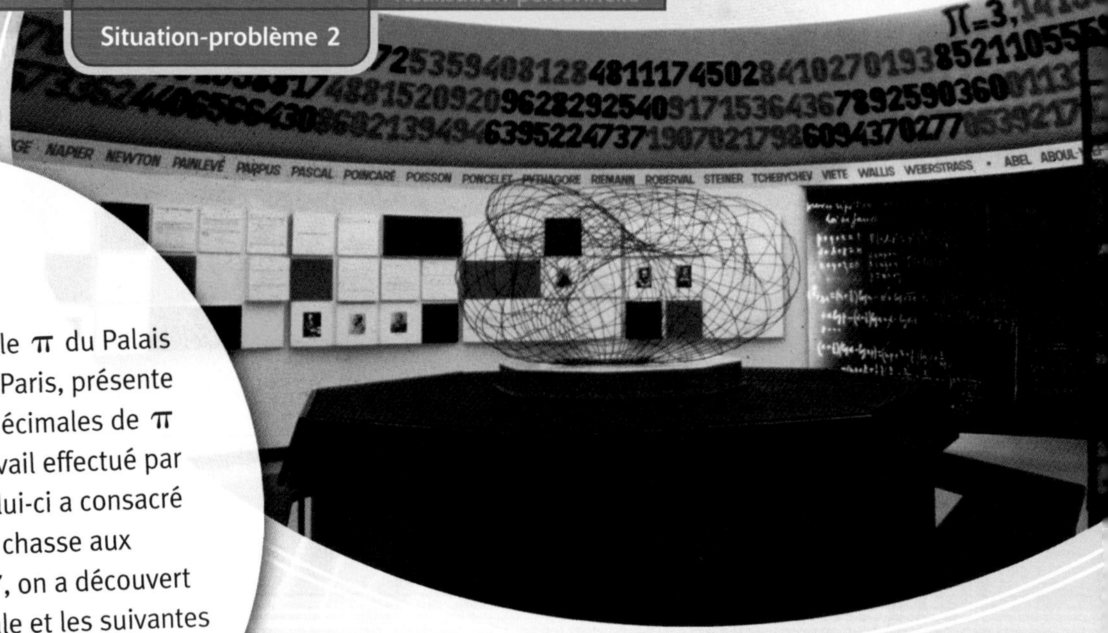

La coupole de la salle π du Palais de la découverte, à Paris, présente les 704 premières décimales de π en l'honneur du travail effectué par William Shanks. Celui-ci a consacré près de 20 ans à la chasse aux décimales. En 1947, on a découvert que la 528e décimale et les suivantes étaient fausses. Heureusement, elles ont été corrigées dans les années 1950.

Au 18e siècle, on continua à s'intéresser à ce nombre célèbre, que l'on nota π. C'est à cette époque que sont apparues des formules permettant d'en déterminer les décimales. Il n'en fallait pas plus pour qu'une course folle s'engage entre les «chasseurs de décimales», qui désiraient obtenir une valeur de plus en plus précise de ce nombre.

Les mathématiciens et les mathématiciennes de cette époque développèrent différentes formules toutes aussi originales les unes que les autres, mais pas toutes efficaces. Certaines formules pouvaient même exiger plusieurs années de calculs pour obtenir quelques décimales de π...

Voici une façon assez simple de calculer la partie décimale de π :

$$\frac{4}{2\times 3\times 4} - \frac{4}{4\times 5\times 6} + \frac{4}{6\times 7\times 8} - \frac{4}{8\times 9\times 10} + ...$$

Plus on considère de termes dans cette chaîne d'opérations, plus la partie décimale du nombre π sera précise.

a) Observe bien la chaîne d'opérations ci-dessus. Que remarques-tu ?

b) Quels sont les quatre prochains termes de cette chaîne ?

c) Quel est le 100e terme ? Explique ta réponse.

ÉPISODE DE π

Isaac Newton (1642-1727) écrivit un jour à l'un de ses amis: «N'ayant rien d'autre à faire en ce moment, j'ai calculé 16 décimales de π.»

John Machin (1680-1751) fut le premier à déterminer les 100 premières décimales de π.

En 1844, la 200e décimale de π est atteinte. La course devenait sérieuse.

En 1996, le Québécois Simon Plouffe trouva un moyen de calculer un chiffre de l'écriture binaire de π sans connaître les chiffres qui le précèdent.

Avec un ordinateur, c'est plus de 200 milliards de décimales qu'on a calculées en 1999, en un peu plus de 46 heures.

La course folle

La course aux décimales de π

Pour que l'approximation du nombre π soit la plus précise possible, il faut utiliser un assez grand nombre de termes de la chaîne d'opérations. Disons entre 100 et 150 termes! C'est beaucoup de travail pour une seule personne...

(d) Travaille donc en coopération avec tes camarades en suivant les étapes ci-dessous.

- Tu dois trouver le résultat de quatre termes de la chaîne d'opérations. Ainsi, une personne se chargera des quatre premiers, une autre, des quatre suivants, etc. S'il y a 30 élèves dans la classe, la chaîne comptera 120 termes.

- Dans tes calculs, conserve le plus grand nombre de décimales que te permet ta calculatrice.

- En groupe classe, calculez la chaîne d'opérations à l'aide des résultats obtenus par chaque élève.

Attention! chaque élève a un rôle à jouer. Le succès de cette tâche dépend de l'engagement de tous et de toutes. Comment avez-vous minimisé le risque d'erreurs?

π et le cercle

Ce monument
se trouve sur le site
archéologique de
la civilisation maya-
toltèque de Chichén Itzá,
au Mexique. Sa tour, dont
la base est circulaire, aurait
été un observatoire utilisé
par les prêtres astronomes
mayas, qui croyaient que
la trajectoire des étoiles
et des planètes
déterminait
le destin.

*Au fil des ans, selon
les connaissances
mathématiques et
les moyens disponibles,
différentes
approximations
du nombre π
ont été trouvées.
Toutes, cependant,
visaient le même
objectif: déterminer
le lien qui existe entre
le diamètre d'un cercle
et la circonférence
de ce cercle.*

La connaissance du lien décrit ci-dessus permet notamment
de déterminer précisément la circonférence d'un cercle si l'on
connaît son diamètre, ou encore de déterminer le diamètre
d'un cercle si l'on connaît sa circonférence.

Imagine que 35 élèves visitent le site archéologique présenté
ci-dessus. Ils et elles aimeraient bien connaître le diamètre
de cette tour. Il leur faut cependant faire preuve d'originalité, car,
pour protéger ce monument historique, l'accès à l'intérieur est interdit.

(a) En se tenant par la main, ils et elles réussissent à faire le tour
de la base circulaire de l'observatoire. En supposant que chaque
élève couvre une distance de 1 m, détermine le diamètre
de la tour.

La présence de cet observatoire prouve que l'être humain a le regard tourné vers le ciel depuis très longtemps.

Depuis l'époque des Mayas, la technologie et les connaissances ont beaucoup évolué. La Station spatiale internationale en offre un bel exemple. Cette station qui gravite autour de la Terre permet aux scientifiques d'avoir un œil tourné vers la Terre et l'autre, vers l'espace.

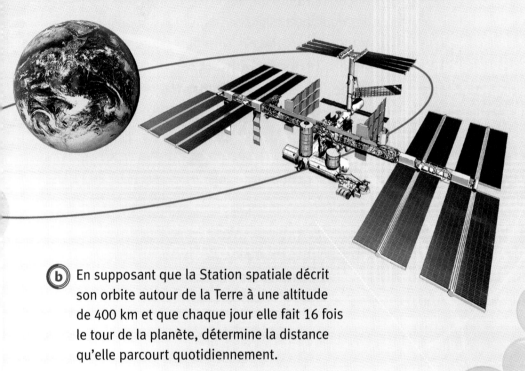

b) En supposant que la Station spatiale décrit son orbite autour de la Terre à une altitude de 400 km et que chaque jour elle fait 16 fois le tour de la planète, détermine la distance qu'elle parcourt quotidiennement.

As-tu ciblé les données nécessaires à la résolution du problème ? As-tu pensé représenter la situation à l'aide d'un dessin ?

ÉPISODE DE π

Si le nombre π a retenu l'attention des plus illustres spécialistes des mathématiques, il a également retenu celle d'excentriques.

- Vers 1700, Jacob Marcelis évaluait la valeur de π à

$$3 \, \frac{1\ 008\ 449\ 087\ 377\ 541\ 679\ 894\ 282\ 184\ 894}{6\ 997\ 183\ 637\ 540\ 819\ 440\ 035\ 239\ 271\ 702}.$$

- Le 18 février 1995, Hyroyuki Gotu, un Japonais de 21 ans, établissait un record en récitant les 42 195 premières décimales de π en 9 heures et 21 minutes.

- À l'âge de 12 ans, le Chinois Zhang Zhuo a récité 4000 décimales en 25 minutes !

π et « πce »

Malgré le travail de très nombreuses personnes depuis 4000 ans, le célèbre nombre π demeure encore aujourd'hui une source d'intérêt pour les mathématiciens et les mathématiciennes du monde entier. Pour le commun des mortels, la valeur 3,1416 constitue une bonne approximation du nombre π. Dans le domaine du génie, les 10 premières décimales de π suffisent pour accomplir un travail efficace.

ÉPISODE DE π

Voici un poème qui prouve que même les poètes ont été fascinés par la beauté du nombre π...

Que j'aime à faire apprendre un nombre utile aux sages !

3, 1 4 1 5 9 2 6 5 3 ...

Glorieux Archimède, artiste ingénieux,
Toi de qui Syracuse aime encore la gloire,
Soit ton nom conservé par de savants grimoires !
Jadis, mystérieux, un problème bloquait
Tout l'admirable procédé, l'œuvre grandiose
Que Pythagore découvrit aux anciens Grecs.
Ô quadrature ! vieux tourment du philosophe !
Insoluble rondeur, trop longtemps vous avez
Défié Pythagore et ses imitateurs...

Peux-tu poursuivre la suite des décimales de π à l'aide de ce poème ?

Depuis la nuit des temps, le nombre π est un sujet d'intérêt universel, un sujet qui a interpellé toutes sortes de sociétés. Il en est de même avec la paix dans le monde. C'est pourquoi, le 8 mars 2003, un groupe de personnes a voulu sensibiliser la population mondiale aux dangers de la guerre en formant le symbole *Peace and Love* dans un champ de Fairbanks, en Alaska.

Le symbole ci-dessous représente l'être humain vivant.

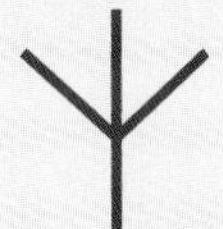

Le symbole ci-dessous représente l'être humain mort.

Pour représenter l'humanité, on utilise le cercle. Le symbole *Peace and Love* signifie donc que si l'on ne fait pas la paix, ce sera la mort de l'humanité.

Cet événement a été organisé par deux femmes : Suzanne Osborn et Elizabeth Belknap. Ce beau projet a exigé beaucoup de préparation.

1er temps : Le projet de Fairbanks

Estime le nombre de personnes ayant participé à ce projet. Explique comment tu as procédé.

2e temps : Ton projet pour la paix

Imagine que tu sois à l'origine d'un tel projet et que 545 personnes soient prêtes à représenter un énorme symbole de paix dans un champ. Tu évalues à 1 m la place que chacune occupera.

Combien de personnes devras-tu placer sur le cercle du symbole et combien à l'intérieur du cercle ? Laisse les traces de ton raisonnement.

Es-tu capable de présenter les différentes étapes de ton raisonnement ? Quand tu présentes la solution d'un problème, fais-tu preuve de clarté ? Que devrais-tu faire pour t'améliorer dans ce sens ?

Pour aller plus loin...

Très ambitieux, le projet de Mmes Osborn et Belknap a demandé beaucoup d'organisation. Il a d'abord fallu rassembler les participants et les participantes, organiser la mise en scène pour éviter la cohue, procéder à quelques calculs pour que l'effet visuel soit le plus juste possible et, enfin, prévoir la prise de la photographie ! Et si vous repreniez un tel projet à l'école ? Assurez-vous de connaître le nombre exact de personnes qui y participeront et d'effectuer les calculs nécessaires.

EURÊKA !

Beaucoup se sont intéressés à la vie de Diophante, ce grand mathématicien du 3e siècle. Malheureusement, on ne connaît presque rien de sa vie, sauf ce que nous apprend l'épitaphe qui suit...

Des jours assez nombreux que lui compta le sort, le sixième marqua le temps de son enfance.

Le douzième fut pris par son adolescence. Des sept parts de sa vie, une encore s'écoula avant qu'il se marie.

Après cinq ans, sa femme lui donna un fils...

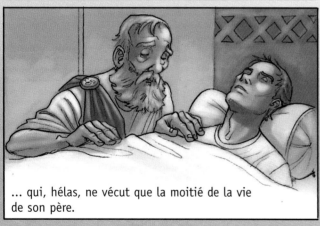

... qui, hélas, ne vécut que la moitié de la vie de son père.

Celui-ci, en continuant ses recherches sur la science des nombres, ne survécut que quatre autres années.

Pourrais-tu déterminer le nombre d'années que Diophante a vécu ? À quel âge s'est-il marié ? À quel âge a-t-il eu son fils ?

Les mathématiques et moi

Des stratégies de résolution

Lorsque tu fais face à une situation-problème, tu sais maintenant qu'il est important de développer des stratégies pour bien la comprendre.

Mais, une fois le problème cerné, il n'est pas encore sûr que tu puisses immédiatement le résoudre. Tu dois parfois représenter la situation à l'aide d'un schéma ou d'une égalité trouée.

Des schémas pour résoudre un problème

Si les schémas sont utiles pour comprendre une situation, ils le sont aussi parfois pour la résoudre.

Les deux schémas ci-dessous peuvent représenter la situation-problème de la page précédente.

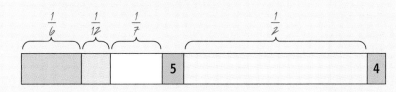

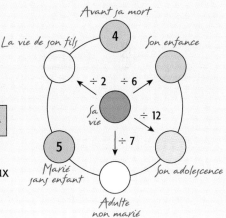

 (a) Explique comment tu pourrais te servir de l'un d'eux pour résoudre cette situation-problème.

Une égalité trouée

La représentation d'une situation à l'aide d'une égalité constitue un outil efficace pour résoudre certaines situations-problèmes.

$$\frac{\blacksquare}{6} + \frac{\blacksquare}{12} + \frac{\blacksquare}{7} + 5 + \frac{\blacksquare}{2} + 4 = \blacksquare$$

(b) Comment pourrais-tu te servir de cette égalité trouée pour résoudre la situation-problème de la page précédente ?

Pour résoudre certaines situations-problèmes des pages suivantes, la représentation par un schéma ou une égalité trouée pourrait s'avérer utile. Si c'est le cas, compare tes représentations avec celles de tes camarades et conserve-les dans ton portfolio.

1. Si le chapeau te va...

Dans un groupe, deux personnes sur sept sont des femmes. Parmi ces dernières, une sur cinq porte un chapeau, alors que c'est le cas d'un homme sur dix.

a) Dans ce groupe, le nombre d'hommes qui portent un chapeau est-il supérieur ou inférieur au nombre de femmes dans la même situation ? Explique ta réponse.

b) Parmi les personnes qui portent un chapeau, quelle fraction les femmes représentent-elles ?

2. Les chenillettes

Tu as sûrement déjà vu des véhicules munis de chenilles, comme celui de l'illustration ci-contre.

Sachant que la longueur de la chenille de ce véhicule est de 7,3 m, détermine au décimètre près le diamètre des roues.

3. Expérience satisfaisante ou non

Pour le journal de l'école, Maïka a interrogé les élèves des trois classes du 1er cycle pour savoir comment ces élèves apprécient leur expérience au secondaire jusqu'à maintenant. Voici les résultats qu'elle a obtenus pour deux de ces classes.

De plus, elle sait que la classe 1C a plus apprécié son expérience que la classe 1B, mais moins que la classe 1A. À l'aide de fractions, donne une répartition possible des degrés de satisfaction de la classe 1C.

DEGRÉ DE SATISFACTION	CLASSE 1A	CLASSE 1B
Expérience très satisfaisante	$\frac{3}{8}$ des élèves	$\frac{3}{10}$ des élèves
Expérience satisfaisante	$\frac{1}{6}$ des élèves	$\frac{1}{6}$ des élèves
Expérience peu satisfaisante	$\frac{1}{4}$ des élèves	$\frac{2}{5}$ des élèves
Expérience pas du tout satisfaisante	$\frac{5}{24}$ des élèves	$\frac{2}{15}$ des élèves

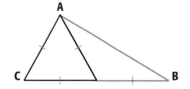

4. Déduction

Voici un triangle équilatéral de 2 cm de côté :

On a juxtaposé comme ci-contre un triangle isocèle à ce triangle équilatéral. Quelle sorte de triangle le triangle **ABC** est-il ? Justifie ta réponse à l'aide de propriétés géométriques.

Je fais le point

Ta réalisation personnelle

Le raisonnement que demandait la réalisation personnelle n'était pas simple. Il comprenait plusieurs étapes.

> Lorsque la résolution d'une situation-problème semble comporter plusieurs étapes, que fais-tu pour t'y retrouver ?

> Comment pourrais-tu rendre ton raisonnement écrit encore plus facile à comprendre pour tes camarades ?

Eurêka !

> Décris au moins un problème pour lequel tu as utilisé un schéma ou une représentation quelconque.

> Donne un exemple d'une représentation ou d'un schéma, employé par un ou une camarade, que tu comprends bien et que tu juges pertinent.

Tes connaissances mathématiques

Comparaison de fractions

Un ou une camarade te demande comment faire pour comparer des fractions. Décris dans ton journal de bord trois façons de procéder.

Propriétés géométriques

Que savais-tu sur les triangles avant d'entreprendre tes études secondaires ?

Que sais-tu de plus, maintenant, sur les triangles ?

Le cercle

Réalise une bande dessinée dans laquelle deux jeunes discutent de l'importance du cercle dans leur vie. Sers-toi des nouvelles connaissances que tu as acquises dans ce dossier.

Dans le gymnase

Un esprit sain dans un corps sain !

Cette expression est bien connue, mais que signifie-t-elle selon toi ?

Y a-t-il des équipes de compétition sportive à ton école ? Si oui, comment se nomment-elles ? Participent-elles aux Jeux du Québec ?

Que penses-tu du nombre d'heures consacrées à l'éducation physique à l'école ?

À l'exception de celles du cours d'éducation physique, pratiques-tu des activités physiques ? Si oui, lesquelles ?

Tu as sûrement déjà remarqué le chassé-croisé de lignes sur le plancher d'un gymnase. Ces lignes sont importantes, car elles délimitent les terrains de différents sports que l'on peut y pratiquer. Pour déterminer un hors-jeu, par exemple, il faut donc savoir repérer facilement et rapidement les lignes associées au sport pratiqué.

Hors-jeu !

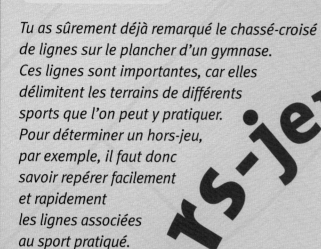

Voici un exemple des lignes que l'on peut observer sur le plancher d'un gymnase.

a Nomme les sports dont les terrains sont tracés sur l'illustration de la page précédente. Quelles figures géométriques distingues-tu sur chacun de ces terrains ?

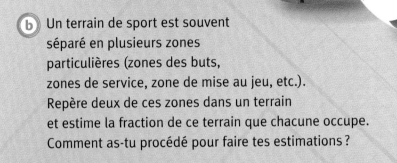

b Un terrain de sport est souvent séparé en plusieurs zones particulières (zones des buts, zones de service, zone de mise au jeu, etc.). Repère deux de ces zones dans un terrain et estime la fraction de ce terrain que chacune occupe. Comment as-tu procédé pour faire tes estimations ?

c Repère les limites de deux terrains de sport différents. Compare leur périmètre. Estime combien de fois l'un est plus grand que l'autre.

d Compare les aires des deux terrains de sport repérés en **c**. Estime combien de fois l'une est plus grande que l'autre.

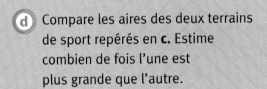

Réalisation personnelle

À la fin du présent dossier, tu découvriras certaines règles et une représentation du terrain de jeu d'un tout nouveau sport. Avec un ou une camarade, tu devras imaginer une stratégie défensive efficace. Les différentes situations-problèmes présentées dans les pages qui suivent ont pour but de vous aider dans votre tâche.

Situation-problème 1 ── **Concepts et processus** – Zoom sur l'arithmétique et l'algèbre
La multiplication de fractions, p. 288 à 293

Parmi les sports de raquette, le badminton est l'un des plus connus. On le pratique beaucoup dans le milieu scolaire. Dans ce sport, il faut de l'habileté et de la stratégie, qu'on y joue en simple ou en double. As-tu déjà joué au badminton ?

Le badminton

Importé de l'Inde en Grande-Bretagne, le *poona* est l'ancêtre du badminton que nous connaissons aujourd'hui. Dès 1873, on y jouait à la *Badminton House*, la résidence du duc de Beaufort, d'où le nom donné à ce sport.

Morgane et Jules sont membres de l'équipe de badminton de leur école. Les voilà dans une salle communautaire où un terrain de badminton est tracé sur le carrelage. Au badminton, selon qu'on joue en simple ou en double, les zones de jeu et de service ne sont pas les mêmes. Cette différence amène les deux amis à se questionner.

a En te référant à la représentation ci-dessous, détermine qui a raison : Jules ou Morgane ? (Les mesures sont données en longueurs de côté des carreaux.) Explique ta réponse à l'aide de calculs.

Tu sais, Morgane, la zone de service est plus grande en double qu'en simple.

*Je n'en suis pas si sûre, Jules...
Je crois même que c'est le contraire !*

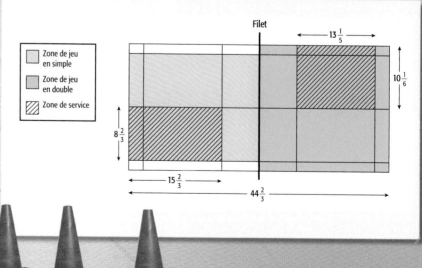

Une des stratégies employées au badminton consiste à maintenir son adversaire le plus loin possible du filet. Pour cela, il faut envoyer le volant bien au fond du terrain dans une zone appelée, justement, la *zone de fond*.

Zone de fond

Zone de fond

Comme tu peux le constater dans l'illustration ci-dessus, la zone de fond est très étroite. Il faut donc s'entraîner beaucoup pour réussir à utiliser avec succès cette stratégie, c'est-à-dire atteindre correctement cette zone.

b) En te référant aux mesures indiquées sur l'illustration de la page précédente, détermine si la zone de fond occupe plus de 10 % ou moins de 10 % du terrain de l'adversaire. Explique ton raisonnement.

Situation-problème 2 — **Concepts et processus** – Zoom sur l'arithmétique et l'algèbre
La division par une fraction, p. 294 à 299

Sport très populaire, le basket-ball peut se pratiquer dans un gymnase, un parc, l'entrée d'une propriété, en d'autres mots, partout où l'on peut installer un panier. Il exige peu d'équipement, mais demande une grande habileté dans le maniement du ballon.

Le basket-ball

James Naismith, un éducateur canadien, voulait aider les élèves indisciplinés. Il inventa un sport intérieur où l'adresse l'emporte sur la force, et la rapidité, sur la puissance. Le 21 décembre 1891, il afficha les 13 règles de ce nouveau sport et cloua deux paniers à fruits sur les balcons du gymnase du collège de Springfield, dans le Massachusetts, aux États-Unis. Le basket-ball était né.

Tu as sûrement déjà vu un terrain de basket-ball. En voici une représentation vue de haut :

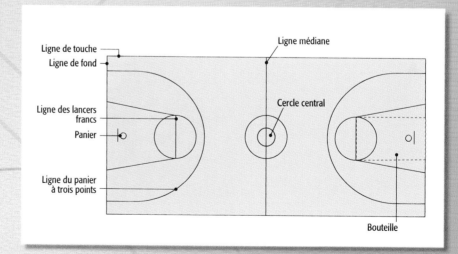

Ligne de touche
Ligne de fond
Ligne médiane
Ligne des lancers francs
Panier
Cercle central
Ligne du panier à trois points
Bouteille

La *bouteille* est une zone sous le panier où les joueurs et les joueuses passent sans s'arrêter. À l'origine, cette zone comportait une partie rectangulaire (voir les pointillés en rouge sur le dessin de la page précédente) et un demi-disque. Aujourd'hui, dans de nombreux gymnases, elle est plutôt composée d'un trapèze isocèle et d'un demi-disque. La partie rectangulaire originale occupait environ les $\frac{3}{25}$ du demi-terrain. Maintenant, la partie en forme de trapèze en occupe environ les $\frac{3}{20}$.

a) Quelle fraction de la zone actuelle la zone d'origine représente-t-elle ? Explique ta réponse.

On estime qu'aujourd'hui plusieurs centaines de millions de personnes dans le monde jouent au basket-ball. Comme Zacharie et Noémie, nombreuses sont celles qui installent un panier de basket-ball près de leur maison pour pouvoir s'exercer. Selon l'endroit où le panier est installé, la distance entre la *ligne des lancers francs* et le panier variera.

> Regarde, Noémie, j'ai tracé ma ligne des lancers francs à une distance du panier correspondant aux $\frac{5}{6}$ de la norme officielle.

> Pas moi, Zacharie. J'ai plutôt tracé la mienne à une distance correspondant aux $\frac{7}{8}$ de cette norme.

b) Qui a tracé sa ligne des lancers francs à une plus grande distance du panier ? Combien de fois cette ligne en est-elle plus éloignée que l'autre ?

Situation-problème 3 ➝ **Concepts et processus** – Zoom sur la géométrie
La médiatrice, p. 319 à 324

Le volley-ball

Depuis l'invention du volley-ball, les règles et la qualité du jeu ont grandement évolué. Devenu de plus en plus populaire, ce sport est maintenant pratiqué dans la plupart des écoles. Il compte parmi les compétitions des Jeux du Québec et des Jeux olympiques.

Le terrain de volley-ball est composé de deux parties identiques séparées par un filet. Lorsqu'une équipe reçoit le ballon, elle doit éviter qu'il ne touche le sol. Connais-tu plus précisément les règles de ce sport ?

Comme dans beaucoup de sports d'équipe, il est important de développer des stratégies de jeu. Voici comment l'équipe des Cardinaux (en rouge) et celle des Geais bleus (en bleu) se sont placées pour protéger leur zone arrière du terrain dans un échange du ballon.

C'est en 1895 que l'Américain William G. Morgan inventa le volley-ball, nommé alors la *mintonette*.

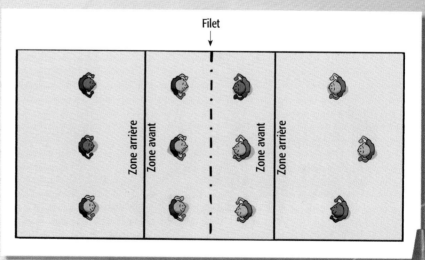

Filet

Zone arrière | Zone avant | Zone avant | Zone arrière

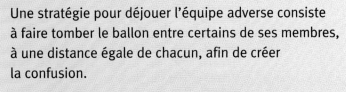

Une stratégie pour déjouer l'équipe adverse consiste à faire tomber le ballon entre certains de ses membres, à une distance égale de chacun, afin de créer la confusion.

Considères-tu que tes constructions géométriques sont suffisamment précises ?

a Représente sur la feuille qu'on te remet les différents endroits où il serait stratégique de diriger le ballon dans chacune des zones arrière.

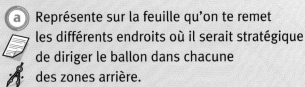

b Toujours sur la même feuille, représente précisément la région du terrain que chaque joueur ou joueuse doit couvrir si le ballon tombe dans sa zone arrière.

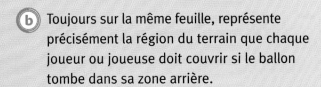

c Selon toi, laquelle des deux équipes semble opter pour des positions favorisant une meilleure défense de sa zone arrière ? Trouve des arguments pour convaincre tes camarades.

d Pour chacune des équipes, y a-t-il un endroit de la zone arrière où le ballon pourrait tomber à égale distance de trois personnes à la fois ? Explique ton point de vue.

Imagine qu'un nouveau sport a été inventé :
le ballon-surprise, dont les règles de base sont
décrites ci-dessous. Avec un ou une camarade,
tu dois élaborer une stratégie
défensive efficace.

Le ballon-surprise

Voici d'abord quelques renseignements
sur ce sport.

Nombre d'équipes : deux.

Nombre de joueurs ou de joueuses par équipe : trois.

Forme du terrain : deux cercles.

Équipement : un écran opaque et un ballon.

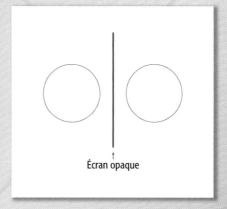

Écran opaque

Règles du jeu

- Les équipes choisissent au hasard celle qui jouera en premier.

- Cette équipe détermine le joueur ou la joueuse qui lancera
  le ballon par-dessus l'écran opaque de telle sorte
  qu'il tombe à l'intérieur du terrain adverse.

- Avant le lancer, les trois membres de l'équipe
  adverse se placent où ils le désirent sur
  la ligne délimitant leur terrain. Au moment
  où le ballon passe par-dessus l'écran
  opaque, ces joueurs et ces joueuses
  peuvent quitter la ligne pour l'attraper
  avant qu'il ne touche le sol.

L'analyse du jeu

Fais équipe avec un ou une camarade. Ensemble, préparez une analyse du jeu du ballon-surprise selon une perspective mathématique. Votre analyse devra comprendre les renseignements suivants.

1er temps : Les cercles

Réalisez une représentation précise du terrain d'une équipe. Sur la ligne délimitant leur terrain, indiquez où, selon vous, les trois membres de l'équipe qui recevront le ballon devraient se placer. Expliquez votre choix.

Tracez la zone du terrain que chaque joueur ou joueuse devra couvrir. Déterminez la fraction du terrain correspondant à chacune de ces zones. Laissez les traces de votre démarche.

Comparez les zones à couvrir du point de vue de leur grandeur. Si elles sont différentes, déterminez combien de fois une zone est plus grande qu'une autre.

Avant de passer au 2e temps, fixez-vous un objectif qui guidera votre choix de forme de terrain.

2e temps : Une autre forme

Imaginez une nouvelle forme de terrain (carré, triangle, etc.) et refaites la démarche présentée au 1er temps.

Pour aller plus loin...

Imagine-toi dans la peau de James Naismith, l'inventeur du basket-ball, ou de William G. Morgan, l'inventeur du volley-ball, et invente à ton tour un nouveau sport. Décris-en bien les règles et le terrain de jeu. Décris également la stratégie défensive et la stratégie offensive que tu considères comme les meilleures. En quoi les mathématiques peuvent-elles t'aider à concevoir ton nouveau sport et à déterminer des stratégies efficaces ?

EURÊKA !

Au 3e siècle, chez Diophante d'Alexandrie...

Mon très honoré Dyonisus, puisque tu apprécies la puissance des nombres, je t'envoie un problème que j'ai composé, ainsi que sa solution. Ne désespère pas de le comprendre, même si la notion est nouvelle pour toi.

Bien !... Je continue...

Le problème consiste à partager un nombre donné en deux nombres dont on connaît la différence.

Voici un exemple... Supposons que le nombre à partager est 100 et que la différence entre les deux nombres qui le partagent soit de 40. Dans ce cas...

... si 1 arithme est la première part, alors 1 arithme plus 40 sera la seconde. Donc 2 arithmes plus 40 sera le tout...

Diophante a probablement été le premier mathématicien à utiliser un symbole (**ς**), pour représenter une quantité inconnue, qu'il appelait l'*arithme* (ce qui veut dire « nombre »). C'est pourquoi on le désigne parfois comme le père de l'algèbre.

Peux-tu résoudre le problème qu'il a inventé ? Quelle stratégie utiliseras-tu ?

Les mathématiques et moi

Les problèmes de la vie

Dans la vie, on fait face à toutes sortes de problèmes que l'on ne peut pas résoudre immédiatement. Les solutions, lorsqu'elles existent, sont difficiles à trouver. Il faut parfois faire preuve d'ingéniosité et utiliser des stratégies originales pour résoudre ces problèmes. Le choix de la stratégie dépend de la situation problématique et de la personne qui y est confrontée.

1 Réponds aux questions ci-dessous.

a) Dans la vie de tous les jours, as-tu déjà fait face à un problème que tu ne pouvais résoudre immédiatement, mais que tu as finalement résolu ? Fais-en une brève description.

b) Quelles ont été tes premières réactions devant ce problème ? Décris la ou les stratégies que tu as utilisées pour réussir à le résoudre.

2 **a)** Partage tes réponses aux questions précédentes avec un ou une camarade.

b) Décris la façon dont tu aurais réagi devant le problème de cette personne. Quelles auraient été tes stratégies de résolution ?

3 **a)** Parmi les stratégies que ton ou ta camarade et toi venez de décrire, certaines peuvent-elles s'avérer utiles pour résoudre des problèmes mathématiques ? Si oui, donne au moins un exemple. Sinon, explique pourquoi.

b) Partage tes réflexions avec l'ensemble de la classe.

Si, en tentant de résoudre les situations-problèmes des deux pages suivantes, tu te trouves dans une impasse, pense à une situation-problème de la vie courante où l'obstacle te paraissait d'abord insurmontable, avant de, finalement, le vaincre. Persévère dans tes efforts en essayant de trouver une stratégie originale. Si tu réussis, retiens bien cette stratégie, car elle pourrait t'être de nouveau utile.

1. Les minivoitures de course

Alexandra adore faire des tours de piste en kart de course. Jusqu'à présent, elle a effectué 5 tours $\frac{2}{3}$ en deux minutes et demie à vitesse constante. Quelle est cette vitesse en tours par minute ?

2. La cueillette

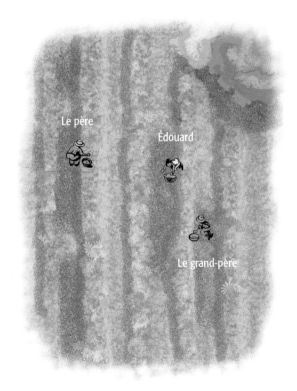

Le père

Édouard

Le grand-père

Édouard, son père et son grand-père cueillent des bleuets dans un champ. Au même instant, les trois cueilleurs se dirigent en ligne droite vers l'endroit où ils ont laissé leur casse-croûte. Bien qu'Édouard marche plus vite que son père et ce dernier, plus vite que le grand-père, tous les trois arrivent en même temps au point de rencontre.

Sur une feuille, calque l'emplacement des trois cueilleurs (représente chaque emplacement à l'aide d'un point). Colorie une région du champ où pourrait se situer leur point de rencontre. Laisse les traces de ta démarche et justifie ta réponse.

3. L'assiette brisée

 En menant des fouilles, un archéologue
a trouvé un morceau d'une assiette datant
de plusieurs siècles. Sur la feuille qu'on
te remet, ce morceau est représenté
grandeur nature.

a) L'archéologue aimerait connaître
la mesure du diamètre de cette assiette.
Explique comment il pourrait procéder.

b) Quelle est la mesure du diamètre
de l'assiette ?

4. Maman, ce n'est pas juste !

Fanny et son petit frère Rémi doivent
se partager le reste d'un contenant de jus.
Fanny place deux verres sur le comptoir
et vide le contenant de jus en remplissant
chaque verre au tiers de sa capacité.

Rémi voit bien que Fanny n'a pas été
juste dans son partage et lui demande
de transvaser du jus du plus grand verre
dans le plus petit.

Si la capacité du plus petit verre équivaut
à la moitié du plus grand, jusqu'où Fanny
devra-t-elle verser du jus dans le plus petit
verre pour que la quantité de jus soit
la même dans les deux ? Explique
ta démarche.

Je fais le point

Ta réalisation personnelle

> Si tu veux décrire une stratégie à quelqu'un, quel moyen pourrais-tu utiliser pour donner des explications le plus claires possible?

> Au 2e temps, la forme de terrain que vous avez choisie, répond-elle à l'objectif que vous vous étiez fixé. Explique ta réponse.

Eurêka!

> As-tu fait face à des obstacles en cherchant à résoudre les situations-problèmes proposées? Si oui, comment as-tu réagi?

> As-tu réussi à résoudre une des situations-problèmes sans aide extérieure? Laquelle? Comment as-tu pensé à la stratégie que tu as utilisée pour résoudre cette situation-problème?

Tes connaissances mathématiques

Les fractions dans la vie

Décris quelques situations de la vie courante où l'on utilise des fractions. Demande à des gens de ton entourage s'ils en connaissent d'autres. Décris ensuite une situation de la vie quotidienne où il est plus simple d'utiliser des fractions qu'une autre forme d'écriture des nombres. Pourquoi est-ce plus simple de se servir de fractions?

Point de rencontre

Choisis trois endroits sur une carte géographique. Trouve un point situé à égale distance, à vol d'oiseau, de ces trois lieux. À l'aide de l'échelle de la carte, détermine la distance à parcourir, toujours à vol d'oiseau, pour se rendre de chacun des trois endroits à ce point de rencontre.

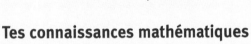

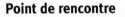

Concepts et processus

Pour compléter la résolution des situations-problèmes des dossiers de la **PARTIE 3,** tu dois comprendre certains concepts et processus. Tu découvriras ces derniers en réalisant les séquences d'activités ci-dessous. Par sa couleur, chaque séquence est associée à un seul dossier.

DOSSIER
Climat: danger!

DOSSIER
Un problème universel

DOSSIER
Dans le gymnase

ZOOM SUR l'arithmétique et l'algèbre

Une page d'histoire

Nicolas Chuquet, p. 274

Les nombres négatifs

Comparaison, addition et soustraction, p. 275 à 281

La comparaison de fractions

Fractions équivalentes, écritures équivalentes, p. 282 à 287

La multiplication de fractions

Multiplication de fractions et de nombres fractionnaires, p. 288 à 293

La division par une fraction

Expressions équivalentes, p. 294 à 299

ZOOM SUR la statistique et la probabilité

Une page d'histoire

Adolphe Quételet, p. 300

La moyenne arithmétique

Le calcul d'une moyenne arithmétique, p. 301 à 305

ZOOM SUR la géométrie

Une page d'histoire

Napoléon Bonaparte, p. 306

Des propriétés géométriques

Les angles intérieurs d'un triangle et le triangle isocèle, p. 307 à 312

La circonférence d'un cercle

Calcul de la circonférence et le nombre π, p. 313 à 318

La médiatrice

Médiatrice d'un segment, p. 319 à 324

Une page d'histoire

Un marchand chinois
(1er siècle de notre ère)

Sur ma table de calcul, j'utilise des baguettes noires pour indiquer le nombre de sacs de riz que je dois livrer et des baguettes rouges pour le nombre de sacs que je dois recevoir.

Une dette retranchée de rien devient comme un gain. Un gain retranché de rien devient comme une dette.

Brahmagupta
(Inde, 598-665)

Nicolas Chuquet
(France, v. 1445-v. 1488)

Avec le nombre 20, je veux faire deux parties de sorte que les trois quarts de la première partie plus la seconde donnent 24. Solution : la première partie sera moins 16 et la seconde, 36. Ce calcul est vrai, même si certaines personnes diront que c'est impossible.

Gerolamo Cardano
(Italie, 1501-1576)

Voici un conseil : il ne faut pas confondre les quantités abondantes avec les quantités défaillantes. Lorsqu'on réunit de telles quantités, il faut additionner entre elles les quantités abondantes, additionner entre elles aussi les quantités défaillantes, puis retrancher les quantités défaillantes des quantités abondantes.

Nicolas Chuquet (v. 1445-v. 1488)

Dans son œuvre *Triparty en la science des nombres,* Nicolas Chuquet a été le premier à décrire la solution d'un problème à l'aide d'un nombre négatif. Mais son exemple n'a pas été suivi. Même si les règles de calcul sur des quantités négatives étaient connues bien avant lui, on avait beaucoup de mal à considérer ces quantités négatives comme des nombres à part entière. Et toi, trouves-tu que les nombres négatifs sont de vrais nombres ?

Les nombres négatifs

Plein de sens

Voici des situations qui sont toutes représentées par des nombres négatifs.

Situation 1

Il me manque 5,20 $ pour acheter ce disque.

⁻5,2

Situation 3

Pour participer aux Jeux du Québec, il fallait sauter d'une certaine longueur. J'ai raté ce standard par 0,15 m seulement !

⁻0,15

Situation 2

Depuis midi, on a observé une baisse de température de 2,5 °C.

⁻2,5

Situation 4

J'ai gagné quelques fois, mais j'ai beaucoup plus souvent perdu. Mon bilan : une perte de 8,75 $.

⁻8,75

a) Décris dans tes mots ce qu'il faudrait changer dans ces situations pour qu'elles soient toutes représentées par le nombre positif 1,5.

b) Que pourrait représenter le nombre 0 dans chacune de ces situations ?

c) Classe les nombres ci-dessous du plus petit au plus grand. Explique ta réponse en utilisant l'un des contextes présentés ci-dessus.

⁻3,5   3,2   ⁻0,5   2,8   ⁻1,2

d) Sur une droite numérique, situe approximativement les cinq nombres donnés en **c)**. Que remarques-tu ?

Je vérifie mes connaissances

Compare chaque paire de nombres ci-dessous à l'aide du symbole < ou >.

a) ⁻14,2 ■ ⁻12,4   **b)** ⁻3,12 ■ ⁻3,6   **c)** ⁻5,1 ■ 1,5   **d)** 0 ■ ⁻0,01

❯ Corrigé, p. 445

Activité 2 Enrayons la pauvreté

Sur le bout de papier qu'on te remet, tu découvriras un nombre positif ou négatif suivi du symbole du dollar. Si le nombre est positif, tu possèdes cette somme d'argent et tu es donc riche. Si le nombre est négatif, tu as une dette et tu es pauvre. Essayons d'enrayer la pauvreté !

1er temps

Forme une équipe avec trois camarades. Mettez en commun votre argent et vos dettes.

a) La somme d'argent totale que vous avez suffit-elle à éponger la dette de l'équipe ? Si oui, combien vous reste-t-il après l'avoir remboursée ? Sinon, quelle est la dette restante ? Faites connaître votre réponse à l'ensemble de la classe.

b) Partagez l'argent ou la dette qui reste entre tous les membres de l'équipe. Chaque personne doit inscrire sur son bout de papier le nouveau nombre qui représente sa part.

2e temps

Fais maintenant équipe avec trois autres camarades en tenant compte de la contrainte suivante : toutes les équipes devront avoir un bilan positif.

Je vérifie mes connaissances

1. Pour payer l'entrée au cinéma, il manque 1,75 $ à Judith et 2,50 $ à Félix. Quant à Isabelle, elle a 3,80 $ de plus qu'il ne lui faut. S'ils mettent en commun leur argent, les trois amis en auront-ils suffisamment ? Si oui, combien leur restera-t-il ? Sinon, combien leur manquera-t-il encore ?

2. Effectue les additions ci-dessous.

a) $^-19,5 + 31$ **b)** $^-21,4 + {}^-10,25$ **c)** $21,2 + {}^-30,4$ **d)** $34 + {}^-16,29$

> Corrigé, p. 445

Activité 3 Des déductions

Voici deux situations observées dans la classe de Maxime alors que les élèves réalisaient l'activité précédente. Réponds aux questions les concernant.

Situation 1

Dans une des équipes de quatre, les élèves ont obtenu un bilan positif de 16,55 $. L'un des membres de cette équipe ayant dû quitter la classe, les trois autres ont repris leurs calculs.

a) Est-il possible que le nouveau bilan soit supérieur à 16,55 $? Si oui, précise dans quel cas. Sinon, explique pourquoi.

b) Détermine le nouveau bilan de l'équipe si la somme d'argent associée à la personne qui s'est retirée était

1) 12,75 $;   **3)** ⁻17,80 $;

2) 35 $;   **4)** ⁻13,40 $.

Situation 2

Les sommes d'argent figurant sur les feuilles de deux autres élèves, Marie-Hélène et Laurie, donnaient une valeur totale de ⁻24,90 $.

c) Détermine la somme associée à Marie-Hélène si celle inscrite sur la feuille de Laurie était

1) ⁻30,50 $;   **2)** ⁻11,25 $;   **3)** 12 $;   **4)** 42,40 $.

Explique comment tu as procédé.

 Je vérifie mes connaissances

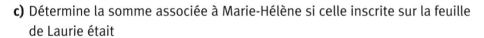

1. En deux heures, Maxime a perdu 2,75 $ dans des jeux de hasard d'une fête foraine. Combien a-t-il gagné ou perdu durant la première heure si durant la seconde il a

a) gagné 1,45 $?   **b)** perdu 1,45 $?   **c)** gagné 3,60 $?   **d)** perdu 3,60 $?

2. Effectue les soustractions ci-dessous.

a) ⁻7,5 − 12   **b)** ⁻2,5 − ⁻9,1   **c)** 14,5 − 17,3   **d)** 0,7 − ⁻4,7

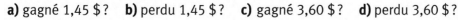

❯ Corrigé, p. 445

Mes outils

Les nombres négatifs

Comparaison de nombres négatifs

Les nombres négatifs permettent d'exprimer des quantités inférieures à zéro.

Pour comparer des nombres négatifs ou positifs, on peut utiliser une droite numérique.

Exemple : Comme le montre la droite numérique ci-dessous, le nombre ⁻1,5 est inférieur à ⁻0,8, et ces deux nombres sont inférieurs à 0,6.

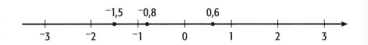

Addition et soustraction

On peut effectuer des opérations sur des nombres négatifs ou positifs en tenant compte du sens de ces nombres.

Exemples :

1) $^-1,5 + {}^-2,5 = {}^-4$ Une *baisse* de température de 1,5 °C suivie d'une *baisse* de 2,5 °C équivaut à une *baisse* de 4 °C.

2) $^-1,5 + 2,5 = 1$ Une *baisse* de température de 1,5 °C suivie d'une *hausse* de 2,5 °C équivaut à une *hausse* de 1 °C.

3) $12,5 - 15 = {}^-2,5$ Dépenser 15 $ lorsqu'on a seulement 12,50 $ équivaut à une dette de 2,50 $.

> Les nombres 2,5 et ⁻2,5 sont des opposés.

Pour soustraire un nombre, on peut aussi additionner son opposé.

Exemple : $3,4 - {}^-2,5 = 3,4 + 2,5 = 5,9$

Situations d'application

> L'abscisse d'un point est le nombre qui indique son emplacement sur la droite numérique.

1 **a)** Sur une droite numérique, situe précisément les points dont l'abscisse est donnée ci-dessous.

   A ⁻2,5   **B** ⁻0,75   **C** 0,25   **D** ⁻1,25   **E** 2,25   **F** ⁻3,25

b) Parmi toutes les abscisses données, quel est

   1) le plus grand nombre ?   **2)** le plus petit nombre ?

c) La distance entre deux des points est égale à 1. Quels sont ces points ?

d) Quelle est la distance entre les points **A** et **F** ?

2 Ajoute trois termes à chacune des suites ci-dessous en respectant la régularité.

a) 25, 19, 13, 7, 1, ...

c) 20, 19, 17, 14, 10, ...

b) ⁻10, ⁻8,5, ⁻7, ⁻5,5, ⁻4, ...

d) ⁻15, ⁻17, ⁻10, ⁻12, ⁻5, ...

3 Gilbert est l'entraîneur d'une équipe de hockey. Après 20 matchs, il établit la **cote** $+/-$ des 6 défenseurs de l'équipe.

PRÉNOM DU JOUEUR	NOMBRE DE BUTS MARQUÉS PAR SON ÉQUIPE	NOMBRE DE BUTS MARQUÉS PAR L'ÉQUIPE ADVERSE	COTE +/−
Bob	12	16	⁻4
Julien	16	15	
Marc-André	21	19	
Rony	17	22	
Stéphane	13	20	
Wilfred	19	14	

La **cote** $+/-$ est établie en soustrayant le nombre de buts marqués par l'équipe adverse du nombre de buts marqués par celle du joueur lorsque celui-ci est sur la glace.

En **b)**, ton choix de regroupement a-t-il été motivé par un raisonnement mathématique ?

a) Dans le tableau ci-dessus, la cote de Bob est déjà calculée. Détermine la cote des cinq autres joueurs.

b) Gilbert veut regrouper ses défenseurs en trois paires.

   1) Si tu étais à sa place, comment formerais-tu ces paires ?

   2) Quelle serait alors la cote $+/-$ combinée de chacune des trois paires ?

4 Détermine mentalement le résultat des deux chaînes d'opérations ci-dessous. Explique comment tu as procédé.

a) $5,2 + {}^-7,5 + 5,8 + {}^-2,5$

b) $2,31 + 3,4 + 4,88 - 4,31 - 4,4 - 7,88$

5 Julie a participé à une course comprenant cinq concurrentes. Elle a terminé en troisième position, à 2,3 secondes de la première concurrente et à 1,6 seconde de la deuxième. Les deux autres coureuses ont franchi la ligne d'arrivée respectivement 0,6 seconde et 1,5 seconde après elle.

a) Si le temps de Julie est représenté par le nombre 0, situe le temps des quatre autres coureuses sur une droite numérique comme celle illustrée ci-dessous.

Julie

> L'écart entre deux nombres est la différence entre le plus grand et le plus petit de ces nombres.

b) Quel est l'écart entre le temps de la première concurrente et celui de la deuxième ?

c) Quel est l'écart entre le temps de la première concurrente et celui de la dernière ?

6 Un martin-pêcheur plane à 9,5 m au-dessus de l'eau. Soudain, il se laisse tomber et plonge jusqu'à 2,8 m sous la surface de l'eau pour attraper un poisson. Son déplacement peut être représenté par l'opération ci-dessus.

$$^-2,8 - 9,5$$

Position finale   Position initiale

a) Quel est le résultat de cette opération ?

b) Explique dans tes mots ce que signifie ce résultat.

c) Le déplacement d'un autre oiseau est représenté par le nombre négatif $^-8,5$. Quelle était la position initiale de cet oiseau si sa position finale est à

    1) 3,1 m sous la surface de l'eau ?

    2) 1,7 m au-dessus de l'eau ?

7 Complète les égalités suivantes en déterminant le nombre manquant.

a) $^-5 + \blacksquare = ^-3,1$

b) $^-2,4 + \blacksquare = ^-4,2$

c) $\blacksquare + 9,3 = 7,5$

d) $\blacksquare + ^-4 = 1,6$

e) $^-8,9 + 12 = \blacksquare$

f) $^-5,6 - \blacksquare = 4,1$

g) $8,5 - \blacksquare = ^-0,2$

h) $\blacksquare - 2,3 = ^-4$

i) $\blacksquare - ^-6 = 1,3$

j) $2,8 - 5,5 = \blacksquare$

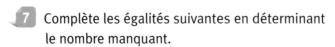

8 À l'aide d'un thermomètre électronique, Claudine a mesuré
la température extérieure chaque jour à midi pendant
une semaine. Elle a ensuite calculé et noté dans un tableau
la variation de température d'une journée à l'autre.

PÉRIODE	VARIATION (°C)
Du dimanche au lundi	⁻2,8
Du lundi au mardi	⁺4,3
Du mardi au mercredi	⁻3,5
Du mercredi au jeudi	⁺11,1
Du jeudi au vendredi	⁻9,7
Du vendredi au samedi	⁻1,5

a) Sachant que mercredi midi il faisait ⁻5,2 °C, détermine la température
de chacune des autres journées de la semaine.

b) Quelle a été la variation totale de température du dimanche au samedi ?

Comment as-tu fait,
en **b)**, pour vérifier
ta réponse ?

9 Catherine compare sa taille avec celle de ses frères et de sa sœur.
François, l'aîné, mesure 4 cm de plus que Catherine, et Martine,
10 cm de moins. Quant au plus jeune, Xavier, il mesure 3 cm
de moins que Martine.

a) La taille de François, en mètres, par rapport à celle de Catherine
peut être représentée par le nombre ⁺0,04. Par quels nombres
peut-on représenter la taille de Martine et celle de Xavier
par rapport à la taille de Catherine ?

b) La différence entre la taille de François et celle de Martine
est-elle supérieure à la différence entre la taille de Catherine
et celle de Xavier ? Justifie ta réponse.

La comparaison de fractions

Activité 1 **La course de la grande aiguille**

La grande aiguille d'une horloge est une travailleuse acharnée. Elle nous rappelle que nous accordons beaucoup d'importance au temps dans notre société.

Il faut aussi prendre le temps de jouer!

Fais équipe avec quatre camarades.

1 La grande aiguille fait $\frac{2}{3}$ de tour.

2 La grande aiguille fait $\frac{7}{10}$ de tour.

3 La grande aiguille fait $\frac{5}{6}$ de tour.

4 La grande aiguille fait $\frac{5}{12}$ de tour.

5 La grande aiguille fait $\frac{7}{12}$ de tour.

1er temps

Ensemble, classez le plus rapidement possible les temps ci-contre, du plus court au plus long, en n'utilisant ni crayon ni calculatrice.

2e temps

On vous remettra cinq cartons affichant chacun une fraction. Placez ces fractions dans l'ordre croissant. Un, deux, trois... allez-y! Que les plus rapides gagnent!

Je vérifie mes connaissances

Sans crayon ni calculatrice, classe dans l'ordre croissant les fractions de chaque groupe ci-dessous.

a) $\frac{7}{30}$ $\frac{17}{20}$ $\frac{19}{30}$ $\frac{11}{20}$ $\frac{9}{30}$

b) $\frac{5}{12}$ $\frac{5}{8}$ $\frac{5}{6}$ $\frac{5}{18}$ $\frac{5}{49}$

c) $\frac{3}{4}$ $\frac{10}{11}$ $\frac{4}{5}$ $\frac{2}{3}$ $\frac{99}{100}$

d) $\frac{3}{4}$ $\frac{5}{12}$ $\frac{1}{3}$ $\frac{5}{6}$ $\frac{3}{8}$

> Corrigé, p. 445

Activité 2 À bout de course

Béatrice, Méi, Xavier, Myriam et Émile représentent leur région aux Jeux du Québec, dans la course d'endurance. Pour les athlètes participant à cette épreuve, on a prévu un point d'eau à 3,2 km de la ligne de départ.

Le tableau ci-dessous montre où se trouvent les cinq athlètes de cette équipe à un moment de la course, soit après avoir entamé le quatrième kilomètre. Plus précisément, il indique la fraction du quatrième kilomètre parcouru par chaque athlète.

ATHLÈTE	FRACTION DU QUATRIÈME KILOMÈTRE PARCOURU
Béatrice	$\frac{1}{3}$
Méi	$\frac{2}{5}$
Xavier	$\frac{1}{7}$
Myriam	$\frac{1}{9}$
Émile	$\frac{3}{8}$

a) Qui est en tête parmi les cinq athlètes ?

b) Qui est le plus près du point d'eau ?

c) Qui a dépassé le point d'eau ?

d) Quelle distance sépare à ce moment précis la première et la dernière personne de cette équipe ?

Explique chacune de tes réponses.

Je vérifie mes connaissances

Complète le tableau ci-dessous de sorte que les grandeurs exprimées en notation décimale soient équivalentes ou approximativement équivalentes à celles exprimées à l'aide d'une fraction.

NOTATION DÉCIMALE	0,8 m			2,125 kg	1,75 m	
NOTATION FRACTIONNAIRE	$\frac{4}{5}$ m	$\frac{2}{9}$ km	$\frac{3}{7}$ L			$\frac{5}{16}$ L

❯ Corrigé, p. 445

Mes outils

La comparaison de fractions

Voici différentes façons de comparer des fractions.

À l'aide d'un dénominateur commun

On utilise des fractions équivalentes ayant le même dénominateur.

Exemple : Comparons $\frac{2}{3}$ et $\frac{7}{12}$.
La fraction $\frac{2}{3}$ est une fraction équivalant à $\frac{8}{12}$.
Puisque $\frac{8}{12} > \frac{7}{12}$, alors $\frac{2}{3} > \frac{7}{12}$.

À l'aide d'un numérateur commun

On utilise des fractions équivalentes ayant le même numérateur.

Exemple : Comparons $\frac{1}{6}$ et $\frac{3}{20}$.
La fraction $\frac{1}{6}$ est une fraction équivalant à $\frac{3}{18}$.
Puisque $\frac{1}{18} > \frac{1}{20}$, alors $\frac{3}{18} > \frac{3}{20}$. Donc $\frac{1}{6} > \frac{3}{20}$.

À l'aide de la déduction

Parfois, il n'est pas nécessaire de transformer les fractions en fractions équivalentes pour les comparer. Dans certains cas, la simple déduction suffit.

Exemple : La déduction permet de conclure que
$\frac{1}{2} < \frac{2}{3} < \frac{3}{4} < \frac{4}{5} < \frac{5}{6} < \frac{6}{7}$, et ainsi de suite.

À l'aide de la fraction $\frac{1}{2}$

Pour comparer des fractions, on peut se servir de la fraction $\frac{1}{2}$ comme point de repère.

Exemple : $\frac{2}{5} < \frac{4}{7}$, car la fraction $\frac{2}{5}$ est inférieure à $\frac{1}{2}$ alors que la fraction $\frac{4}{7}$ est supérieure à $\frac{1}{2}$.

À l'aide des nombres décimaux

Enfin, on peut comparer les nombres décimaux auxquels correspondent les fractions.

Exemple : Comparons $\frac{3}{8}$ et $\frac{2}{5}$.
La fraction $\frac{3}{8}$ équivaut à 0,375, car $3 \div 8 = 0{,}375$.
La fraction $\frac{2}{5}$ équivaut à 0,4, car $2 \div 5 = 0{,}4$.
Puisque $0{,}4 > 0{,}375$, alors $\frac{2}{5} > \frac{3}{8}$.

Situations d'application

1 Grand-père Gratton remplace les quarts-de-rond au pied des murs de sa maison. Tu constates qu'il n'utilise pas le même système de mesure que toi, il mesure en **pouces.** À un moment, il te demande de couper des morceaux de bois en te donnant les mesures ci-dessous.

> Le **pouce** est une unité de mesure utilisée autrefois au Canada. Son abréviation est po.

J'ai besoin de morceaux des longueurs suivantes :
$$50\tfrac{5}{8} \text{ po, } 50\tfrac{7}{16} \text{ po, } 50\tfrac{3}{4} \text{ po, } 50\tfrac{1}{2} \text{ po, } 50\tfrac{9}{16} \text{ po.}$$

Classe ces longueurs de la plus petite à la plus grande.

2 Pierrot, Noémie, Fabrice, Perdita et Vicky font une course sur la piste d'athlétisme. Perdita est très rapide. Au moment où elle franchit la ligne d'arrivée, ses camarades sont loin derrière. Voici où ils et elles en sont dans leur parcours.

PIERROT	NOÉMIE	FABRICE	VICKY
$\frac{2}{3}$	$\frac{7}{12}$	$\frac{7}{8}$	$\frac{4}{5}$

Sachant qu'il n'y a eu aucun dépassement après que Perdita a franchi la ligne d'arrivée, donne la position des autres personnes, de la première à la dernière place. Justifie ta réponse.

3 Classe les fractions ci-dessous, de la plus petite à la plus grande.

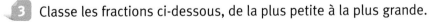

$$\frac{27}{50} \qquad \frac{13}{25} \qquad \frac{4}{9} \qquad \frac{5}{8} \qquad \frac{23}{48}$$

4 Compare chaque paire de fractions ci-dessous à l'aide du symbole <, = ou >.

a) $\frac{2}{3}$ ▪ $\frac{25}{36}$

b) $\frac{4}{11}$ ▪ $\frac{20}{55}$

c) $\frac{1}{12}$ ▪ $\frac{1}{13}$

d) $\frac{1}{7}$ ▪ $\frac{5}{36}$

e) $\frac{2}{9}$ ▪ $\frac{6}{29}$

f) $\frac{13}{31}$ ▪ $\frac{23}{32}$

Considères-tu que
ta façon de procéder
en **a)** aurait pu être
plus efficace ?

5 Mégane, Félix, Mathis et Théo font une randonnée pédestre. Chaque personne transporte sa réserve d'eau pour la journée. Voici à quelle fraction de la capacité chacune a rempli son contenant.

Mégane a rempli son contenant aux $\frac{7}{8}$ de sa capacité.

Félix a rempli le sien aux $\frac{17}{25}$ de sa capacité.

Mathis a rempli le sien aux $\frac{9}{10}$ de sa capacité.

Théo a rempli le sien aux $\frac{4}{5}$ de sa capacité.

a) Qui a le contenant d'eau

1) le plus plein ?   **2)** le moins plein ?

Explique tes réponses.

b) La personne dont le contenant est le plus plein a-t-elle nécessairement plus d'eau que les autres ? Explique ton point de vue.

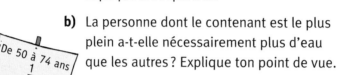

6 Dans l'illustration ci-contre, les cartons précisent la tranche d'âge représentée par chaque personnage et la fraction de la population canadienne associée aux gens de cette tranche d'âge.

Les personnes de moins de 25 ans représentent une fraction de la population supérieure à celle associée aux personnes de 50 à 74 ans, mais inférieure à celle associée aux personnes de 25 à 49 ans. Détermine une fraction de la population pouvant être associée aux personnes de moins de 25 ans.

7 Dans un restaurant, un serveur dépose des bouteilles d'eau identiques sur quatre tables : 1 bouteille pour 3 personnes à la table **A** ; 6 bouteilles pour 9 personnes à la table **B** ; 12 bouteilles pour 20 personnes à la table **C** et 13 bouteilles pour 22 personnes à la table **D.**

a) Dans le cas de chacune des tables, quelle fraction d'une bouteille d'eau peut être associée à chaque personne ?

b) À quelle table la quantité d'eau associée à chaque personne est-elle la plus grande ?

c) À une autre table, la quantité d'eau associée à chaque personne est supérieure à celle de la table **C,** mais inférieure à celle de la table **B.** Détermine un nombre possible de bouteilles servies à cette table et le nombre de personnes pouvant y être assises.

8 Quatre personnes s'entraînent au centre sportif. Leur entraîneur leur demande de s'exercer durant une heure complète. Voici où chacune en est dans son entraînement.

ATHLÈTE	DURÉE DE L'ENTRAÎNEMENT
Mona	$\frac{7}{10}$ du temps prévu
Victoria	$\frac{7}{12}$ du temps prévu
Vincent	$\frac{3}{4}$ du temps prévu
Marguerite	$\frac{2}{3}$ du temps prévu

Parmi ces personnes, à qui reste-t-il le plus de temps à consacrer à son entraînement ?

As-tu eu recours à une stratégie de résolution différente afin de valider ton résultat ?

9 Les responsables d'une station de ski ont procédé à une enquête auprès des élèves de la région qui font du ski. La question posée était la suivante : Sur les pentes de ski, as-tu toujours un comportement respectant les normes de sécurité ?

Voici les résultats obtenus :

> École Riopelle   42 élèves sur 100 ont répondu par non.
> École Fortin   50 élèves sur 122 ont répondu par non.
> École Ferron   25 élèves sur 72 ont répondu par oui.
> École Lemieux   34 élèves sur 90 ont répondu par oui.

Classe les différentes écoles en commençant par celle où les élèves ont un comportement moins sécuritaire sur les pentes. Justifie ta réponse.

10 Sur la droite numérique ci-dessous, on a situé les nombres 0, 1 et 2.

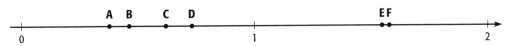

Sur cette droite, situe les fractions ci-dessous en associant chacune d'elles à la lettre qui la représente.

$\frac{7}{15}$ $\frac{13}{18}$ $1\frac{13}{24}$ $1\frac{14}{25}$ $\frac{9}{25}$ $\frac{37}{60}$

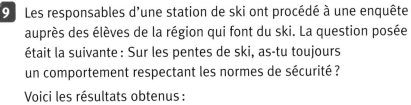
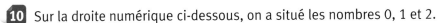

La multiplication de fractions

Activité 1 Un souvenir de grand-maman

À sa naissance, Charlotte a reçu une courtepointe de sa grand-mère. Au centre de la courtepointe de forme carrée, un message a été brodé sur une pièce rectangulaire.

a) Représente la courtepointe selon l'une des descriptions ci-dessous. Les fractions données correspondent aux dimensions de la pièce rectangulaire par rapport à celles du carré.

b) Quelle est la fraction de la courtepointe occupée par la pièce rectangulaire ?

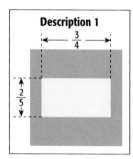

Description 1

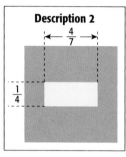

Description 2

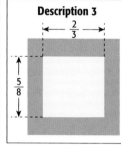

Description 3

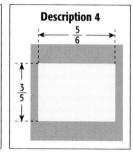

Description 4

Établis un processus de calcul simple et efficace permettant de trouver le produit de deux fractions.

c) Joins-toi maintenant à un ou une camarade ayant choisi la même courtepointe que toi et comparez vos démarches.

Je vérifie mes connaissances

Sur une affiche rectangulaire, une photographie occupe une région rectangulaire. Détermine la fraction de l'affiche occupée par la photographie si

a) sa longueur correspond aux $\frac{3}{7}$ de celle de l'affiche et sa largeur, au sixième de celle de l'affiche ;

b) sa longueur correspond aux $\frac{5}{8}$ de celle de l'affiche et sa largeur, aux $\frac{3}{5}$ de celle de l'affiche.

❯ Corrigé, p. 445

ZOOM SUR
l'arithmétique
et l'algèbre

Activité 2 Le pavage

Fais équipe avec un ou une camarade pour réaliser cette activité.

Situation 1

 a) Sur la feuille qu'on vous remet, une région rectangulaire
de 3 unités $\frac{3}{4}$ sur 2 unités $\frac{5}{6}$ est tracée. Vous devez couvrir
cette région en utilisant les dalles que vous avez reçues.

Contraintes

- Quand vous coupez une dalle, vous ne pouvez en utiliser qu'un seul morceau.

- Sur chaque morceau de dalle placé dans la région rectangulaire,
  vous devez noter la fraction de dalle à laquelle il correspond.

b) Une fois la région recouverte, déterminez son aire en carrés-unités, sachant
qu'une dalle correspond à un carré-unité. Comparez ensuite votre façon
de procéder avec celle d'une autre équipe. Établissez un processus
de calcul simple et efficace permettant de trouver le produit
de deux nombres fractionnaires.

*Et si tu estimais l'aire
du plancher de la classe
en utilisant tes pas ?*

Situation 2

Pour estimer l'aire d'un plancher rectangulaire, Luis a utilisé ses pas
comme unité de mesure. Il a obtenu une longueur de 6 pas $\frac{2}{3}$ et
une largeur de 5 pas $\frac{3}{5}$.

c) Quelle est l'aire de ce plancher ? Laissez les traces de votre démarche.

Je vérifie mes connaissances

1. Trouve les produits des multiplications ci-dessous.

a) $4 \times 2\frac{5}{12}$ **b)** $5\frac{3}{4} \times 5$ **c)** $9\frac{1}{6} \times 3\frac{2}{3}$ **d)** $5\frac{5}{6} \times 1\frac{12}{15}$

2. En utilisant la longueur d'un crayon comme unité de mesure, estime l'aire
de ta table de travail. Fais preuve de la plus grande précision possible
sans utiliser une règle.

> Corrigé, p. 445

La multiplication de fractions   **289**

Mes outils

La multiplication et les fractions

La multiplication de fractions

Pour multiplier des fractions, on multiplie les numérateurs entre eux et les dénominateurs entre eux.

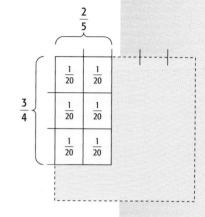

Exemple : L'aire d'un rectangle ayant $\frac{2}{5}$ d'unité de largeur et $\frac{3}{4}$ d'unité de longueur correspond à $\frac{6}{20}$ ou $\frac{3}{10}$ de carré-unité.

$$\frac{2}{5} \times \frac{3}{4} = \frac{2 \times 3}{5 \times 4} = \frac{6}{20} \text{ ou } \frac{3}{10}$$

La multiplication de nombres fractionnaires

Pour multiplier deux nombres fractionnaires, on effectue quatre multiplications, puis on additionne tous les produits obtenus.

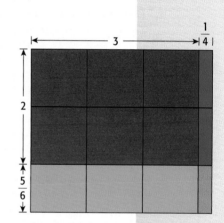

Exemple :

$$
\begin{aligned}
2\tfrac{5}{6} \times 3\tfrac{1}{4} &= 2 \times 3 + 2 \times \tfrac{1}{4} + \tfrac{5}{6} \times 3 + \tfrac{5}{6} \times \tfrac{1}{4} \\
&= 6 + \tfrac{2}{4} + \tfrac{15}{6} + \tfrac{5}{24} \\
&= 6 + \tfrac{2}{4} + 2\tfrac{3}{6} + \tfrac{5}{24} \\
&= 9\tfrac{5}{24}
\end{aligned}
$$

Situations d'application

Quel pays ce drapeau représente-t-il ?

1 Les données autour du drapeau ci-contre indiquent les dimensions de la zone rectangulaire verte par rapport à celles du drapeau.

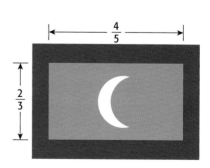

Trouve la fraction de la surface du drapeau qui est occupée par la bordure rouge.

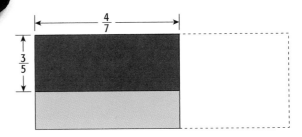

2 Dans la partie **2** de ton manuel, volume 1, tu as appris comment on peut déterminer « la fraction d'une fraction ». Pour trouver les $\frac{3}{5}$ de $\frac{4}{7}$, par exemple, imagine qu'il reste les $\frac{4}{7}$ d'un gâteau et que tes camarades et toi prenez les $\frac{3}{5}$ de ce morceau. À quelle fraction du gâteau correspond la part que vous avez prise ?
Voici une façon de représenter cette situation.

a) En utilisant l'unité ⬚ , détermine l'aire de la partie rouge de la représentation ci-dessus. Comment as-tu procédé ?

b) En te servant de la même unité, trouve l'aire du rectangle représentant le gâteau initial. Comment as-tu procédé ?

c) Es-tu d'accord avec l'affirmation suivante : pour trouver les $\frac{3}{5}$ de $\frac{4}{7}$, il suffit de multiplier les numérateurs entre eux et les dénominateurs entre eux. Explique ta réponse en représentant sur une feuille quadrillée les $\frac{3}{4}$ des $\frac{5}{8}$ d'un gâteau.

d) À l'aide d'une représentation, détermine si les $\frac{3}{4}$ de $\frac{5}{8}$ correspondent aux $\frac{5}{8}$ de $\frac{3}{4}$.

> Réfère-toi à la situation décrite ci-contre pour préciser ce que représentent les surfaces rouge, rose et blanche dans cette représentation.

3 Dans un livre de recettes, on recommande un temps de cuisson de $\frac{3}{4}$ d'heure pour chaque kilogramme de dinde à faire cuire.

a) Combien de temps devrait-on faire cuire une dinde de $3\frac{1}{2}$ kg ?

b) Quel serait le temps de cuisson dans le cas d'une cuisse de dinde de $\frac{3}{4}$ de kilogramme ?

4 Brigitte veut réaliser la recette ci-dessous pour 16 personnes. Elle décide de multiplier la quantité de chacun des ingrédients par $5\frac{1}{3}$ pour en avoir assez pour tout le groupe. Retranscris la recette avec les nouvelles quantités.

Lait fouetté aux bananes pour trois personnes

1 L de lait

$\frac{4}{5}$ L de crème glacée

$1\frac{2}{3}$ banane

$2\frac{1}{2}$ cuillers à café d'essence de vanille

Mélanger tous les ingrédients. Servir froid.

5 À la cafétéria...

Mathieu, je suis prête à échanger les $\frac{3}{5}$ de mon fromage contre ton orange. Es-tu d'accord?

Je préfère conserver 4 des 12 morceaux de mon orange, Mathilde. Quelle fraction de ton fromage me donnes-tu en échange des autres morceaux?

Quelle fraction de son fromage Mathilde devrait-elle offrir à Mathieu? Explique ton raisonnement.

6 Dans un parc, il y a deux piscines qui contiennent le même nombre de personnes. La première, rectangulaire, mesure 30 pas $\frac{1}{3}$ de longueur sur 14 pas de largeur. La deuxième, de forme carrée, a le même périmètre que la première.

Dans quelle piscine, les nageurs et les nageuses auront-ils et elles le moins d'espace?

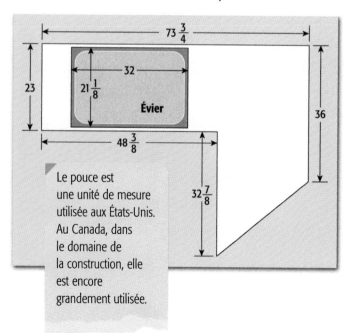

73 $\frac{3}{4}$

23

32

21 $\frac{1}{8}$

Évier

36

48 $\frac{3}{8}$

32 $\frac{7}{8}$

Le pouce est une unité de mesure utilisée aux États-Unis. Au Canada, dans le domaine de la construction, elle est encore grandement utilisée.

7 Le père de Guillaume veut recouvrir le comptoir de la cuisine avec des carreaux de céramique de un pouce carré. Pour déterminer la quantité de carreaux à acheter, il ne tient pas compte de l'espace occupé par l'évier.

Voici une représentation de la surface à couvrir, dont les mesures sont en pouces.

À la quincaillerie, les carreaux se vendent en boîtes de 100. Combien de boîtes le père de Guillaume doit-il acheter? Laisse les traces de ta démarche.

8 Jasmina a invité son amoureux
à un restaurant tournant
au sommet d'un grand hôtel.
Son ami ayant tendance
à arriver en retard, elle décide
de chronométrer son retard.
Son amoureux arrive
12 minutes $\frac{2}{3}$ après l'heure
fixée. Si la vitesse de rotation
du restaurant est de $\frac{1}{8}$ de tour
par minute, combien de tours
le restaurant a-t-il faits
pendant que Jasmina attendait?

9 À une fête d'anniversaire, Lauranna met dans son assiette les $\frac{4}{15}$ des petites
bouchées offertes. Trouvant qu'elle en a trop pris, elle donne les $\frac{3}{8}$
de ses bouchées à Claire, qui n'en mange que les $\frac{2}{3}$.

a) Quelle fraction des bouchées offertes correspondent à celles
que Claire n'a pas mangées?

b) Compte tenu du contexte, quel pouvait être le nombre de petites
bouchées offertes à cette fête? Explique ton raisonnement.

Ton explication est-elle
claire? Une personne qui
la lirait la comprendrait-
elle facilement?

10 Les Marleau font de la culture en serre. Les $\frac{4}{9}$ de la surface
utilisée pour les semis sont consacrés aux fines herbes.
Dans la section des fines herbes, on réserve les $\frac{5}{12}$
de la surface au persil et le sixième, à l'aneth.
Le basilic occupe le reste de cette section.
À quelle fraction de l'ensemble de la surface
utilisée pour la culture la partie occupée
par le basilic correspond-elle?

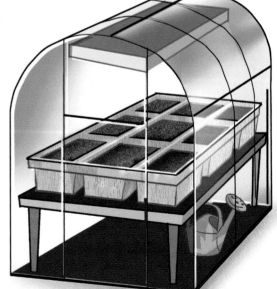

La division par une fraction

 Imagine que la bande de papier que tu as reçue correspond à un bout de règle brisée. La longueur de ce morceau équivaut en fait aux $\frac{2}{5}$ de cette règle.

a) Détermine précisément à quelle fraction de la règle correspondent les segments ci-dessous.

A ────────────────
B ──────────────
C ──────────
D ───────

> Pour plus de précision, tu peux plier la bande de papier en parties équivalentes.

b) En n'utilisant que la bande de papier représentant le morceau de règle, trace des segments ayant les longueurs indiquées ci-dessous. Tu ne peux utiliser aucun autre instrument de mesure.

1) $\frac{4}{5}$ de la règle.

3) La moitié de la règle.

2) 2 longueurs de règle.

4) $\frac{3}{10}$ de la règle.

c) Avec un ou une camarade, vérifie les réponses que tu as données en **a)** et **b)**. Ensemble, comparez vos façons de procéder.

 Je vérifie mes connaissances

Dans chacun des cas ci-dessous,

1) estime si la réponse sera « plus d'une fois » ou « moins d'une fois » ;

2) écris l'opération permettant de répondre à la question ;

3) trouve la réponse précise.

a) Combien de fois une demi-tasse entre-t-elle dans trois quarts de tasse ?

b) Combien de fois un quart de tasse entre-t-il dans cinq huitièmes de tasse ?

c) Combien de fois un tiers de tasse entre-t-il dans deux cinquièmes de tasse ?

d) Combien de fois trois quarts de tasse entrent-ils dans un sixième de tasse ?

❯ Corrigé, p. 445

Activité 2 Une boisson ?

Au bazar, Martha offre du café et Matisse, de la limonade. La capacité des verres à café est de $\frac{2}{3}$ de tasse alors que celle des verres à limonade est de 2 tasses.

> Lorsque nos réservoirs seront vides, nous aurons vendu le même nombre de verres !

a) Après avoir rempli complètement les réservoirs, Martha fait l'affirmation ci-dessus. Matisse n'est pas d'accord avec elle.

Qui a raison ? Explique ta réponse à l'aide de calculs.

b) Imagine maintenant que Martha utilise plutôt des verres d'une capacité de $\frac{3}{4}$ de tasse. Quelles pourraient être la capacité du réservoir de limonade et celle des verres à limonade pour que l'affirmation de Martha soit vraie ? Laisse les traces de tes calculs.

c) Vérifie tes réponses et tes calculs avec ceux d'un ou une camarade.

Je vérifie mes connaissances

Dans chacun des cas ci-dessous, exprime la division à l'aide d'une division équivalente ne comprenant que des nombres naturels. Ensuite, trouve le quotient.

a) $15 \div \frac{3}{5}$ **b)** $20 \div \frac{5}{6}$ **c)** $12 \div \frac{8}{9}$ **d)** $48 \div \frac{7}{12}$

> Corrigé, p. 445

Mes outils

La division par une fraction

Diviser par une fraction, c'est trouver le nombre de fois que cette fraction est contenue dans le dividende. Une façon de procéder consiste à chercher une expression équivalente permettant de déterminer ce nombre de fois.

On cherche une division équivalente ne comprenant que des nombres naturels.

Exemple 1 : $24 \div \frac{5}{8}$

$\times 8 \Big(\begin{array}{c} 24 \div \frac{5}{8} \\ 192 \div 5 \end{array} \Big) \times 8 = \frac{192}{5}$ ou $38\frac{2}{5}$.

La fraction $\frac{5}{8}$ est contenue autant de fois dans 24 que le nombre 5 est contenu dans 192. Ainsi, la fraction $\frac{5}{8}$ est contenue 38 fois $\frac{2}{5}$ dans 24.

Ainsi, $24 \div \frac{5}{8} = 38\frac{2}{5}$.

On cherche d'abord des fractions équivalentes ayant le même dénominateur, puis on effectue une division équivalente ne comprenant que des nombres naturels.

Exemple 2 : $\frac{3}{4} \div \frac{5}{6}$

$\frac{3}{4} \div \frac{5}{6}$

$\times 12 \Big(\begin{array}{c} \frac{9}{12} \div \frac{10}{12} \\ 9 \div 10 \end{array} \Big) \times 12 = \frac{9}{10}$

La fraction $\frac{5}{6}$ est contenue autant de fois dans $\frac{3}{4}$ que le nombre 10 est contenu dans 9. Ainsi, la fraction $\frac{5}{6}$ est contenue $\frac{9}{10}$ de fois dans $\frac{3}{4}$.

Ainsi, $\frac{3}{4} \div \frac{5}{6} = \frac{9}{10}$.

Situations d'application

1 Ayant reçu 5 kg de petits concombres, André décide de faire des marinades. Il veut cependant en offrir à plusieurs personnes et a besoin de 8 kg supplémentaires de concombres pour faire sa recette. Au marché, il n'y a que des paniers de $\frac{3}{4}$ de kilogramme. Combien André doit-il en acheter ?

2 La pellicule au centre d'une diapositive occupe environ le tiers de la surface de la diapositive. Si la longueur de cette pellicule correspond aux $\frac{7}{10}$ de la longueur de la diapositive, à quelle fraction de la largeur de la diapositive la largeur de la pellicule correspond-elle ?

3 Tu sais que le résultat d'une division n'est pas changé lorsqu'on multiple le dividende et le diviseur par le même nombre. Par exemple, 30 ÷ 5 donne le même résultat que 60 ÷ 10. Il en est de même pour les fractions. Observe bien les étapes ci-dessous pour diviser $\frac{2}{7}$ par $\frac{3}{5}$.

$$\times \frac{5}{3} \curvearrowright \quad \frac{2}{7} \qquad \div \qquad \frac{3}{5} \quad \curvearrowleft \times \frac{5}{3}$$

Étape 1 : $\left(\frac{2}{7} \times \frac{5}{3}\right) \div \left(\frac{3}{5} \times \frac{5}{3}\right)$

Étape 2 : $\left(\frac{2}{7} \times \frac{5}{3}\right) \div 1$

Étape 3 : $\frac{2}{7} \times \frac{5}{3} = \frac{10}{21}$

a) Examine les transformations réalisées à chacune des étapes et note ce qui n'est pas clair pour toi.

b) Fais équipe avec un ou une camarade pour partager tes observations. Si certains éléments demeurent obscurs pour vous deux, consultez une autre équipe.

En généralisant le raisonnement précédent, on pourrait conclure la règle suivante.
Diviser par une fraction, c'est multiplier par l'inverse de la fraction.

À l'étape 1 ci-dessus, l'inverse de la fraction $\frac{3}{5}$ est $\frac{5}{3}$.

c) Toujours avec la même personne, utilise la règle ci-dessus pour calculer le quotient des divisions suivantes.

1) $\frac{4}{5} \div \frac{2}{3}$ **2)** $\frac{5}{12} \div \frac{3}{7}$ **3)** $\frac{2}{9} \div \frac{7}{8}$

d) Validez ensemble vos réponses en **c)**, en ayant recours à des fractions équivalentes. Obtenez-vous les mêmes résultats ?

4 Autrefois, pour moudre le grain, on pouvait utiliser un âne faisant tourner une énorme meule. Suppose qu'un âne effectuait $\frac{5}{6}$ de tour par minute. Pour que le grain soit bien moulu, il devait faire au moins 50 tours. Combien de temps fallait-il attendre pour que le grain soit bien moulu ?

5 Pour réaliser une affiche, Laure décide de la recouvrir de peinture brillante. Un contenant de peinture couvre une surface de $\frac{1}{2}$ mètre carré. La surface de son affiche est d'environ $1\frac{2}{3}$ mètre carré. De combien de contenants aura-t-elle besoin ?

6 Comme tu le sais, la Terre effectue en une heure $\frac{1}{24}$ de tour sur elle-même. Supposons que la distance entre Montréal et Vancouver corresponde à environ $\frac{9}{80}$ de tour. En combien de temps les premiers rayons du Soleil atteindront-ils Vancouver après avoir brillé sur Montréal ?

7 Dans le cadre d'une sortie scolaire, Luc a réservé des sièges au balcon d'une salle de spectacle. Ce qu'il a réservé correspond aux $\frac{3}{20}$ des sièges de cette salle. Le balcon contient $\frac{3}{8}$ des sièges de cette salle. Quelle fraction du balcon a-t-il réservé ?

8 Les parents de Rebecca veulent remplir leur piscine aux $\frac{9}{10}$ de sa capacité. Ils utilisent un boyau d'arrosage ayant un débit qui permet de remplir environ 12 % de la piscine toutes les heures. Combien de temps le remplissage prendra-t-il ?

9 Au cours du championnat de badminton d'une école, toutes les personnes présentes étaient des élèves du premier cycle. En fait, ces personnes représentaient le $\frac{1}{6}$ des élèves de l'école. Les élèves du premier cycle représentent les $\frac{4}{9}$ des élèves de l'école. Quelle fraction des élèves du premier cycle ont assisté au championnat ?

10 Raoul prend les $\frac{2}{5}$ du reste d'une tarte. Son morceau correspond au $\frac{1}{8}$ de la tarte. Quelle fraction de la tarte restait-il avant qu'il se serve ?

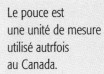

As-tu fait une représentation de la situation afin de mieux la comprendre ?

11 Léa aide sa grand-mère à replacer ses livres dans sa bibliothèque. Les livres ont été mis pêle-mêle dans différentes boîtes. Léa doit ranger une encyclopédie composée de plusieurs volumes identiques. Sa grand-mère lui dit se souvenir que la collection complète occupait une tablette entière. À l'aide d'une règle graduée en pouces, Léa relève les mesures ci-dessous sur un des volumes.

Le pouce est une unité de mesure utilisé autrfois au Canada.

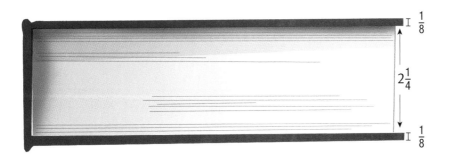

Si la longueur d'une tablette est de 32 pouces $\frac{1}{2}$, combien de volumes composent cette encyclopédie ?

Une page d'histoire

À Paris, en 1823, le mathématicien belge Adolphe Quételet rencontre des astronomes et des mathématiciens français.

Vous n'êtes pas sans savoir, Monsieur Quételet, que l'imprécision des mesures en astronomie pose problème. Par exemple, lorsque les astronomes essaient de déterminer la position d'une étoile, ils obtiennent plusieurs valeurs différentes...

Alors comment faites-vous, Monsieur de Laplace, pour choisir la bonne valeur?

Je dois vous dire que les valeurs obtenues sont toujours réparties autour d'une valeur centrale, et plus on s'éloigne de cette valeur, moins il y a d'observations correspondantes.

*Dans ce cas, on peut démontrer mathématiquement que la meilleure estimation de la véritable position de l'étoile correspond à la **moyenne** de toutes les observations.*

Intéressant...

De retour en Belgique...

Je remarque que les tailles des soldats semblent se répartir autour d'une certaine valeur, comme les mesures prises pour établir la position d'une étoile. Et plus on s'éloigne de cette valeur, moins il y a de soldats...

On pourrait penser que ces hommes sont des copies imparfaites d'un homme idéal... Pour trouver l'homme idéal, il suffit donc de calculer la moyenne de leurs tailles comme on le fait pour déterminer la position d'une étoile.

Adolphe Quételet (1796-1874)

En calculant la moyenne des tailles et des autres caractéristiques d'un groupe de personnes, Alphonse Quételet croyait pouvoir définir l'homme idéal. Sa façon de voir est discutable, mais il reste que l'*homme moyen* de Quételet constitue l'un des premiers exemples d'utilisation des mathématiques dans l'étude de l'être humain.

La moyenne arithmétique

Activité 1 Des portions équitables

Mélanie a versé du jus dans deux verres identiques pour son frère et elle. L'un des verres contient 175 ml de jus et l'autre, 205 ml. Pour que le partage soit équitable, elle décide de transvaser une partie du second verre dans le premier.

a) Combien de millilitres de jus doit-elle transvaser?

b) Quelle quantité de jus y aura-t-il alors dans chaque verre?

Examinons une situation semblable avec plusieurs verres identiques dans lesquels tout le jus disponible a été versé. Afin que chaque verre contienne la même quantité, il faut enlever du jus dans certains verres pour le verser dans les autres.

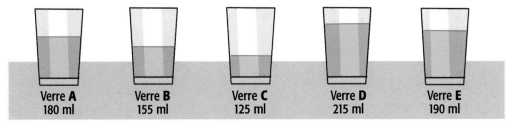

Verre **A**	Verre **B**	Verre **C**	Verre **D**	Verre **E**
180 ml	155 ml	125 ml	215 ml	190 ml

c) 1) Dans quels verres faut-il enlever du jus?

   2) Quelle quantité de jus faut-il retirer de chacun d'eux?

   3) Quelle quantité de jus faut-il verser dans chacun des autres verres?

Explique comment tu as procédé pour résoudre le problème.

 Je vérifie mes connaissances

André devait couper une planche de bois en trois parties de même longueur, mais il s'est trompé. Il a coupé deux morceaux de 1,3 m. Ensuite, il a constaté que le dernier morceau ne mesurait que 0,88 m. Quelle aurait dû être la mesure de chaque morceau?

❯ Corrigé, p. 445

Activité 2 **Une taille représentative**

Dirais-tu que dans ta classe les garçons sont plus grands que les filles, ou est-ce l'inverse ? Combien de centimètres de différence y a-t-il ?

Pour répondre à ces deux questions, mesure d'abord ta taille au centimètre près. Puis, fais équipe avec tous et toutes les élèves qui sont du même sexe que toi. Ensemble, prenez connaissance des mesures que vous avez trouvées. Exécutez ensuite les consignes ci-dessous.

a) Déterminez une seule mesure représentative de la taille des personnes de votre groupe.

b) Comparez votre réponse avec celle de l'autre groupe, puis répondez aux deux questions initiales.

c) Déterminez la taille représentative de tous les élèves de la classe, garçons et filles confondus.

Y a-t-il une personne de la classe qui a cette taille ?

Je vérifie mes connaissances

Lors d'un championnat d'athlétisme, 15 athlètes ont participé à la demi-finale de la course de 60 m. Ils et elles étaient répartis en deux groupes. Voici les résultats :

PREMIER GROUPE	7,21 s	7,33 s	7,34 s	7,54 s	7,61 s	7,80 s	8,02 s	8,51 s
SECOND GROUPE	7,34 s	7,42 s	7,63 s	7,71 s	7,97 s	8,32 s	8,42 s	

a) Dans quel groupe les athlètes ont-ils et elles été le plus rapides ? Précise par combien de secondes.

b) Quel a été le temps moyen des 15 demi-finalistes ?

❯ Corrigé, p. 445

Mes outils

La moyenne arithmétique

La moyenne arithmétique d'un ensemble de données est une valeur représentative de ces données. Plus précisément, c'est la valeur unique qui pourrait remplacer chacune des données de l'ensemble si l'on voulait conserver la même somme.

Exemple : Pendant cinq jours, on a observé les températures ci-dessous.

0 °C	5 °C	7 °C	8 °C	10 °C

La température de ces cinq jours peut être représentée par la moyenne arithmétique des températures observées, qui est de 6 °C. En effet, la somme de 0, 5, 7, 8 et 10 est 30, et l'opération $6 + 6 + 6 + 6 + 6$ donne également 30.

Pour calculer la moyenne arithmétique, il faut additionner toutes les données, puis diviser le résultat par le nombre de données.

Exemple : La moyenne arithmétique dans l'exemple ci-dessus a été calculée ainsi : $0 + 5 + 7 + 8 + 10 = 30$, et $30 \div 5 = 6$.

Situations d'application

1. La balance ci-contre est en équilibre. Les cinq cylindres dans le plateau de droite ont la même masse. Quelle est la masse de chacun de ces cylindres ?

2. Quatre prix valant en moyenne 25 $ ont été remis à Caroline, Anthony, Gabriel et Mégane pour leur participation au marathon de lecture de l'école. Caroline a reçu le premier prix, soit 40 $. Combien chacun des trois autres élèves a-t-il reçu en moyenne ?

3 En 1998, un sondage a révélé qu'au Canada il y avait en moyenne 0,7 téléviseur par personne.

a) Qu'est-ce que cela signifie selon toi ? Donne des exemples pour mieux expliquer ton point de vue.

La même année, le nombre moyen de téléviseurs par personne en Chine était approximativement 0,3.

b) Cette année-là, dans quel pays y avait-il le plus grand nombre de téléviseurs : au Canada ou en Chine ? Justifie ta réponse.

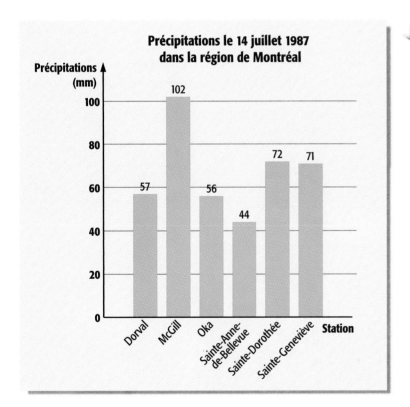

4 La région du Saguenay–Lac-Saint-Jean n'est pas le seul endroit du Québec à avoir été touché par des pluies abondantes. Le 14 juillet 1987, une pluie record s'est abattue sur la ville de Montréal. Le diagramme ci-contre présente les précipitations mesurées dans six stations météorologiques de la région de Montréal, ce jour-là.

a) Estime si les précipitations ont été en moyenne inférieures, égales ou supérieures à 60 mm. Explique comment tu as procédé pour faire ton estimation.

b) Vérifie ta réponse en **a)**, en calculant la moyenne des précipitations.

5 Jean et Marie ont quatre enfants : les jumelles Julie et Ariane ont 12 ans, Sarah en a 13 et Félix, 19.

a) Quelle est la moyenne d'âge des enfants ?

b) Quelle était cette moyenne il y a cinq ans ?

c) Quelle sera la moyenne d'âge dans 10 ans ?

6 Huit élèves ont mesuré la longueur de leur classe, mais les résultats obtenus ne sont pas tous les mêmes.

6,52 m · 6,53 m · 6,56 m · 6,53 m · 6,54 m · 6,56 m · 6,56 m · 6,52 m

a) Selon toi, laquelle de ces mesures est la bonne ? Explique ton point de vue.

b) Calcule la moyenne de ces données. Compare ta réponse avec celle que tu as donnée en **a)**.

As-tu calculé mentalement cette moyenne ? Sinon, crois-tu que tu serais capable de le faire ?

7 Mathieu joue avec sa mère à un jeu de connaissances générales. Il doit répondre à la question ci-contre de la catégorie « Connaissances mathématiques ».

Que répondrais-tu à sa place ? Justifie ta réponse.

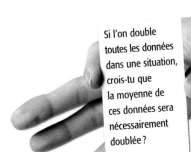

Si l'on double toutes les données dans une situation, crois-tu que la moyenne de ces données sera nécessairement doublée ?

8 Dans une compétition de gymnastique, Karine a d'abord reçu les notes ci-dessous de la part des cinq juges.

Karine 7,6 7,4 7,8 7,9 6,3

a) Dans ce type de compétition, le résultat correspond à la moyenne des cinq notes obtenues. Dans ce cas, quel est le résultat de Karine ?

Après quelques secondes, la cinquième juge s'est rendu compte qu'elle s'était trompée en tapant la note sur son clavier. Au lieu de 6,3, c'est la note de 7,3 qu'elle voulait donner. Heureusement, elle a pu corriger son erreur.

b) Après la correction, de combien de points le résultat de Karine a-t-il été augmenté ?

Une page d'histoire

En Égypte, à l'ombre des pyramides, en 1798...

Vous vouliez me voir, général ?

Oui, mon cher Monge. J'ai quelque chose de très intéressant à vous montrer...

Qu'en pensez-vous ?

Étonnant !

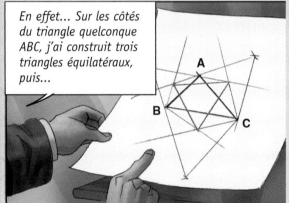

En effet... Sur les côtés du triangle quelconque ABC, j'ai construit trois triangles équilatéraux, puis...

... j'ai déterminé le centre de ces trois triangles équilatéraux. Comme vous voyez, cher ami, si l'on relie ces trois centres, on forme un autre triangle...

... équilatéral !

Oui ! Et c'est toujours le cas !

Napoléon Bonaparte (1769-1821)

Le général Napoléon Bonaparte, futur empereur de la France, était un passionné de géométrie. À la veille d'une grande bataille, il aimait se changer les idées avec une règle et un compas. Dans une construction comme celle illustrée ci-dessus, le triangle rouge, qu'on appelle aujourd'hui le triangle de Napoléon, est toujours équilatéral, quelle que soit la forme du triangle **ABC.**

Vérifie cette affirmation en reproduisant la construction à partir d'un autre triangle **ABC.**

Des propriétés géométriques

Activité 1 Un travail pour trois

Comme tu le sais, un triangle compte trois angles intérieurs. Voilà qui est parfait, puisque l'activité décrite ci-dessous doit être réalisée en équipe de trois ! Joins-toi donc à deux camarades, en t'assurant auparavant d'avoir un papier-calque, un crayon à mine et une règle.

1er temps

- Chaque personne représente un angle sur son papier-calque.

- Demandez-vous ensuite s'il est possible de construire un triangle ayant ces trois angles pour angles intérieurs. Expliquez votre réponse.

2e temps

- Au besoin, modifiez les angles afin de pouvoir former un triangle.

- Après avoir juxtaposé les trois angles, déterminez la somme des mesures des angles intérieurs du triangle.

- Demandez aux autres équipes si elles ont obtenu la même somme.

Je vérifie mes connaissances

1. **a)** Sur un papier-calque, reproduis chacun des trois angles intérieurs du triangle **ABC** ci-contre.

   b) Découpe les angles et juxtapose-les.

   c) Détermine la somme de leurs mesures.

2. Dans le triangle ci-dessus, si la mesure de l'angle **C** est de 35° et que celle de l'angle **B** est de 75°, quelle est la mesure de l'angle **A**? Justifie ta réponse.

❯ Corrigé, p. 445

Activité 2 Tracer un triangle...

À l'activité précédente, tu as découvert que la somme des mesures des angles intérieurs d'un triangle est 180°. En gardant à l'esprit cette affirmation, réalise l'activité ci-dessous.

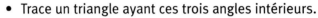

- Découpe un demi-disque sur la feuille qu'on te remet.
- Découpe ensuite ce demi-disque en trois secteurs circulaires quelconques que tu colorieras en rouge, en bleu et en vert comme dans l'illustration ci-contre.
- Trace un triangle ayant ces trois angles intérieurs.
- Surligne en rouge le côté opposé à l'angle rouge, en bleu le côté opposé à l'angle bleu et en vert le côté opposé à l'angle vert.

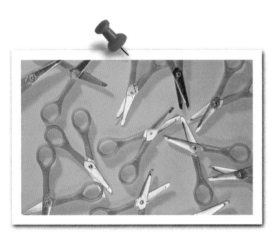

a) Classe les angles intérieurs de ce triangle du plus petit au plus grand. Classe ensuite les côtés du triangle du plus petit au plus grand. Que remarques-tu?

b) De quelle façon faudrait-il découper le demi-disque pour obtenir

1) un triangle équilatéral ?
2) un triangle isocèle ?
3) un triangle scalène ?

Justifie chacune de tes réponses.

c) Dans un triangle isocèle, où les angles isométriques sont-ils situés par rapport aux côtés isométriques du triangle ?

Je vérifie mes connaissances

1. Le triangle **ABC** ci-contre est isocèle.

   Sachant que l'angle **C** mesure 30°, trouve la mesure de chacun des deux autres angles intérieurs. Justifie ta réponse.

2. Le triangle **DEF** aussi est isocèle. Si l'angle **D** mesure 40°, quelle est la mesure de chacun des deux autres angles intérieurs? Justifie ta réponse.

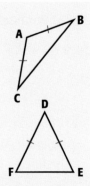

> Corrigé, p. 445

Mes outils

Des propriétés géométriques

La somme des mesures des angles intérieurs d'un triangle est 180°.

Autrement dit, dans un triangle **ABC,**
$m \angle \mathbf{A} + m \angle \mathbf{B} + m \angle \mathbf{C} = 180°$.

Dans tout triangle isocèle, les angles opposés aux côtés isométriques sont isométriques.

Autrement dit, si le triangle **DEF** est isocèle,
alors $m \angle \mathbf{E} = m \angle \mathbf{F}$, car le côté **DF** est
isométrique au côté **DE**.

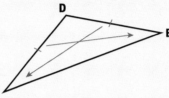

Dans un triangle, au plus grand angle est opposé le plus grand côté et au plus petit angle est opposé le plus petit côté.

Autrement dit, dans le triangle ci-contre,
si $\angle$ **G** est le plus grand angle,
alors le côté **HI** est le plus grand côté.

De même, si $\angle$ **H** est le plus petit angle,
alors le côté **IG** est le plus petit côté.

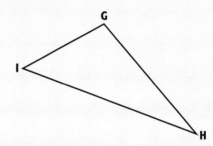

Situations d'application

1 Peut-on construire un triangle qui a

a) deux angles droits ?

b) deux angles obtus ?

c) deux angles aigus ?

Justifie chacune de tes réponses.

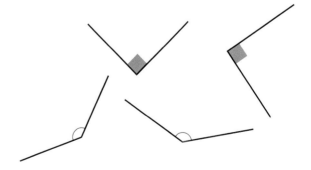

2 Avec les données fournies, déduis les mesures manquantes dans les triangles ci-dessous, en justifiant chacune de tes réponses.

a)

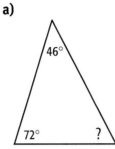

c)

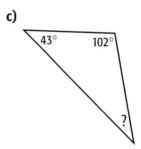

e)

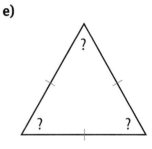

b)

d)

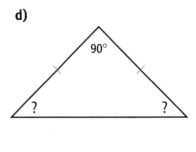

3 Observe le triangle ci-contre.

Dans ce triangle **ABC**, un des angles intérieurs mesure 47° et un autre, 55°.

Quelles sont les mesures des angles **A**, **B** et **C** ? Justifie ta réponse.

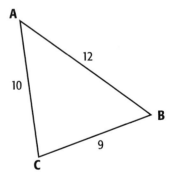

Éprouves-tu généralement des difficultés à justifier tes réponses ?

4 Le périmètre du triangle ci-contre est de 84 unités.

Deux des côtés mesurent respectivement 24 et 28 unités.

Quelle est la mesure du côté **AC** ?

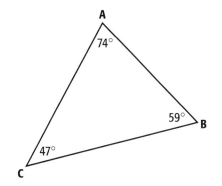

5 En vue d'une prochaine activité, l'enseignante d'Émilie lui demande de découper trois triangles dans un carton rectangulaire.

Émilie décide de découper la surface rectangulaire en partant du coin inférieur gauche et en suivant le pointillé, comme dans l'illustration ci-contre.

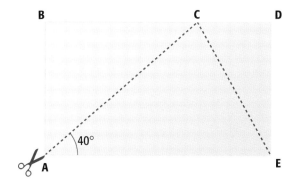

En mesurant un seul angle intérieur de l'un des trois triangles ainsi obtenus, détermine la mesure de chacun des angles intérieurs de ces triangles.

Il y a différentes façons d'identifier un angle représenté dans une figure. L'une d'elles consiste à utiliser trois lettres. Par exemple, l'angle **CAE** dans la figure ci-dessus est l'angle intérieur formé par les côtés **CA** et **AE.**

6 Pour pouvoir traverser une rivière, Fabrice et Wendy veulent construire un pont suspendu reliant le cerisier sur l'autre rive à l'un des deux arbres sur la rive où ils sont situés. Ils voudraient que le pont soit le plus court possible, mais ne peuvent pas mesurer la distance entre les arbres.

Comment peuvent-ils déterminer quel arbre est le plus près du cerisier ?

7 **a)** Sur une feuille blanche, trace un triangle quelconque. Trouve le point milieu d'un des côtés et nomme-le **O.**

Exemple :

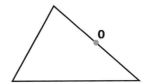

Que fais-tu lorsque tu as besoin de certaines de tes connaissances antérieures, mais que ta mémoire te fait défaut ?

b) Trace l'image de ce triangle par une rotation de 180° autour du point **O.** Ajoute au moins trois autres triangles isométriques pour produire une frise.

c) À l'aide de cette construction, trouve une façon de convaincre un ou une camarade que la somme des mesures des angles intérieurs d'un triangle est 180°.

8 **a)** Sur une feuille blanche, trace un cercle.

b) Trace ensuite un triangle ayant pour sommets le centre du cercle et deux points du cercle.

c) En observant cette construction, trouve une façon de convaincre un ou une camarade que le triangle est isocèle.

d) En procédant par pliage seulement, vérifie si le triangle obtenu a bel et bien deux angles isométriques.

e) Quelle doit être la mesure de l'angle intérieur du triangle situé au centre du cercle pour que le triangle formé soit équilatéral ? Explique ta réponse.

La circonférence d'un cercle

1 Le Tour de l'île

Imagine que le vélo ci-dessous est le tien.

Matériau du cadre : aluminium.
Diamètre des roues : 66 cm.
Dérailleur : 10 vitesses.
Masse du vélo : 12,5 kg.

La roue est considérée comme l'une des premières inventions de l'être humain. Elle aurait été inventée environ 3500 ans av. J.-C., en Mésopotamie.

Combien de tours la roue avant ferait-elle si tu terminais les 48 km du Tour de l'île de Montréal ?

Je vérifie mes connaissances

1. Comme dans l'activité **1**, détermine le nombre de tours qu'effectueraient les roues décrites ci-dessous dans le même Tour de l'île.

   a) Une roue de 25 cm de diamètre.

   b) Une roue de 50 cm de diamètre.

   c) Une roue de 75 cm de diamètre.

2. C'est à Tokyo qu'a été construite la première grande roue sans axe central. Cette roue a un diamètre de 80 m. On peut même passer en son centre dans des montagnes russes !

   Si tu effectuais un tour complet dans une cabine de cette roue, quelle distance parcourrais-tu ?

❯ Corrigé, p. 445

Activité 2 Un séquoia, c'est quoi ça ?

Le séquoia est un conifère géant
qui peut vivre plus de 2000 ans !

Les États-Unis comptent un bon nombre
de très gros spécimens de ces arbres.

L'un de ces séquoias, que l'on a nommé
« General Grant » en l'honneur
d'un général en chef de la guerre de Sécession,
atteint 81,5 m de haut et près de 33 m
de circonférence à sa base.

1ᵉʳ temps

Détermine si le plancher de la classe
serait assez grand pour accueillir la base
de cet arbre. Justifie ton point de vue
à l'aide de calculs.

2ᵉ temps

Fais équipe avec trois camarades. Ensemble,
trouvez une façon de déterminer le plus grand
cercle pouvant être tracé sur le plancher
de la classe. Quelle est la circonférence
de ce cercle ? Comparez votre façon
de procéder avec celle d'une autre équipe.

Cet arbre est-il plus
haut que ta maison,
ton école, un clocher
d'église ?

Peux-tu facilement
te forger une image
mentale d'une situation
donnée pour mieux
la comprendre ou
pour estimer
une solution ?

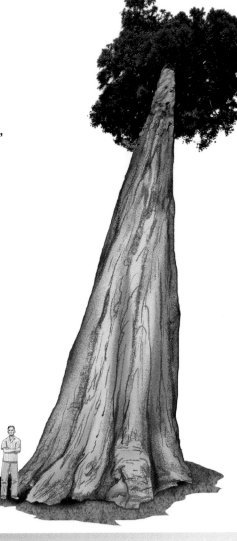

Je vérifie mes connaissances

1. Souvent, on compare les arbres du point de vue de leur diamètre.
   Évidemment, pour déterminer ce diamètre, on évite de couper l'arbre.
   Détermine le diamètre d'un arbre ayant une circonférence de

   a) 20 cm ;   **b)** 40 cm ;   **c)** 10,5 m ;   **d)** 25,75 m.

2. Si tu devais tracer sur le sol un cercle représentant le contour
   de chacun des arbres du numéro **1**, quel serait, dans chaque cas,
   le rayon du cercle tracé ?

❯ Corrigé, p. 445

Mes outils

La circonférence d'un cercle

Le nombre de fois que le diamètre d'un cercle est compris dans
la circonférence de ce même cercle est symbolisé par la lettre grecque π.

Par conséquent, on peut écrire les relations ci-dessous.

$\pi = C \div d$

ou

$C = d \times \pi$

> Lorsqu'on connaît le diamètre (d) d'un cercle,
> il est possible de déterminer approximativement
> sa circonférence (C) en multipliant ce diamètre par
> une approximation de π.

ou encore

$d = C \div \pi$

> Lorsqu'on connaît la circonférence (C) d'un cercle,
> il est possible de déterminer approximativement
> son diamètre (d) en divisant cette circonférence
> par une approximation de π.

La valeur de π est **3,141 592 65...**

Selon les besoins, les approximations de π les plus fréquemment utilisées
sont **3,14**, **3,1416** ou $3\frac{1}{7}$.

Situations d'application

1 Dans le Jubilee Garden de Londres se trouve
la plus grande roue d'observation du monde.
Son diamètre est de 135 mètres et elle pèse
1600 tonnes.

Combien de tours complets au minimum
faut-il faire dans une cabine de cette roue
pour parcourir plus de 1 km?

2 Le logo d'une entreprise est formé d'un cercle de 5 cm de diamètre, d'un carré de 4 cm de côté et d'un triangle équilatéral.

Quelle est la mesure la plus grande : le périmètre du triangle, celui du carré ou la circonférence du cercle ? Laisse les traces de ton raisonnement.

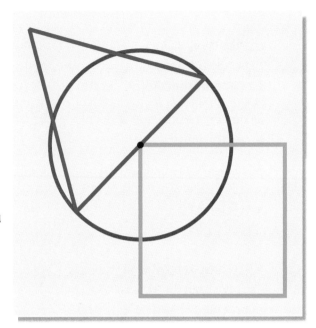

3 L'observatoire du mont Mégantic abrite le plus grand télescope de l'est de l'Amérique. À lui seul, le miroir du télescope a un diamètre de 1,6 m. Réservée aux scientifiques, la salle circulaire où se trouve cet instrument est recouverte d'une coupole dont la circonférence est de 42,41 m.

a) Est-ce que cinq élèves de ta taille pourraient encercler le miroir du télescope en se tenant par la main ? Explique ta réponse.

b) 1) Quel est le rayon de la salle qui contient ce télescope ?

2) Le plancher de la classe serait-il assez grand pour y tracer un cercle représentant le contour de cette salle ?

4 Cybelle est accessoiriste pour la prochaine pièce de théâtre qui sera présentée à son école. Elle doit, entre autres choses, représenter sur scène des tambours. Pour obtenir une forme cylindrique, elle se sert d'un carton rectangulaire de 1 m de longueur dont elle joint les deux bouts, comme ci-dessous.

1 m

Elle recouvre ensuite le dessus du tambour d'un tissu simulant une peau de chèvre. Au moins 5 cm de tissu doivent dépasser, tout autour, afin de pouvoir bien tendre le tissu. Quelle doit être la grandeur minimale du diamètre de la pièce de tissu circulaire?

5 Voici l'un des tunneliers utilisés pour le forage du tunnel sous la Manche. Mis en service en 1994, ce tunnel ferroviaire long de 50,5 km, dont 38 km sous la mer, relie la France à l'Angleterre.

Sachant que le diamètre de ce tunnelier est de 5,59 m, détermine sa circonférence au centimètre près.

6 En visite au Mexique, Lhasa décide de faire le tour du monument appelé la « pyramide de Cuicuilco » pour en admirer toute la beauté. Elle marche à une distance de 1 m de cette construction circulaire de 120 m de diamètre.

a) Quelle distance aura-t-elle parcourue après avoir fait le tour du monument?

b) À quelle distance du monument devrait-elle marcher pour que la distance parcourue soit le double de celle que tu as calculée en **a)** ?

7 Au fil des siècles, différents types de moulins ont été conçus : le moulin à eau, à vent ou à traction animale par exemple. Faute de vent ou d'eau, le moulin à traction animale s'avérait très efficace. Il suffisait d'avoir un âne ou un cheval et le tour était joué !

Si un âne tourne autour d'un cercle de 2 m de rayon, combien de tours aura-t-il effectués après avoir parcouru 5 km ?

8 Dans l'histoire du monde, différentes civilisations ont considéré le cercle comme une figure parfaite. D'ailleurs, de nombreux symboles sont composés de cercles. Le symbole chinois du yin et du yang, qui représente à la fois l'opposition et la complémentarité, en est un exemple. Observe attentivement ce symbole.

Combien de fois la ligne courbe qui traverse de haut en bas l'intérieur du cercle est-elle plus petite que le cercle délimitant ce symbole ?
Explique comment tu as procédé.

La médiatrice

Activité 1 **Point par point**

1er temps

Observe les deux objets qui ont été placés de chaque côté de la salle.

Si ton enseignant ou ton enseignante te nomme, place-toi, le plus précisément possible, à égale distance de ces deux objets. Si ce sont d'autres élèves que l'on appelle, observe comment ils ou elles se positionnent.

2e temps

Une représentation correspondant au premier temps de l'activité est tracée au tableau. Les questions ci-dessous portent sur cette représentation.

a) Décris la position des élèves les uns par rapport aux autres.

b) Quelle personne se trouve le plus près des deux objets ? Laquelle en est le plus éloignée ?

c) Imagine les deux objets reliés par une corde tendue. Où se croiseraient la ligne formée par les élèves et cette corde tendue ?

 Je vérifie mes connaissances

 Sur la feuille qu'on te remet, il y a deux points : **A** et **B.** Imagine que ces deux points représentent les deux objets de l'activité ci-dessus.

a) En utilisant seulement ton compas, trouve une façon de situer quelques points (au maximum 10) de manière qu'ils soient tous à égale distance des points **A** et **B.**

b) Compare ta façon de procéder avec celle d'un ou une camarade. Qu'est-ce qui vous permet d'affirmer que tous les points se trouvent à égale distance des points **A** et **B** ?

c) En utilisant une règle, relie maintenant tous les points que tu as ajoutés sur la feuille.

  1) Quelle figure géométrique as-tu formée ?

  2) Pour déterminer l'emplacement de cette figure, combien de points auraient suffi ?

❯ Corrigé, p. 446

Activité 2 **La danse du spaghetti**

Utilise le spaghetti et la feuille qu'on te remet pour réaliser cette activité.

Une médiatrice est formée par l'ensemble de tous les points équidistants de deux points donnés.

a) Place le spaghetti sur la feuille de manière qu'il représente successivement la médiatrice associée aux points **A** et **B$_1$**, **A** et **B$_2$**, **A** et **B$_3$**, **A** et **B$_4$**, et finalement **A** et **B$_5$**.

b) Relie par un segment de droite chaque couple de points de la consigne **a)**, puis exécute de nouveau cette consigne. Dans chaque cas, observe bien la position de la médiatrice par rapport au segment auquel elle est associée. Relève deux propriétés liant le segment et la médiatrice.

c) Partage tes observations avec un ou une camarade. Avez-vous relevé les mêmes propriétés ?

 Je vérifie mes connaissances

a) Reproduis le triangle ci-contre.

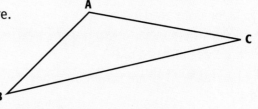

 b) À l'aide de tes instruments de géométrie, trace la médiatrice de chacun des côtés du triangle **ABC.** Que remarques-tu ?

❯ Corrigé, p. 446

Mes outils

La médiatrice

La médiatrice d'un segment est une droite perpendiculaire au segment et passant par son milieu.

A

d

B

La droite *d* ci-dessus est la médiatrice du segment **AB**.

Chacun des points formant la droite *d* est à égale distance des extrémités **A** et **B** du segment.

Situations d'application

1 Observe l'illustration ci-contre.

a) La droite *d* est la médiatrice de quel segment ?

b) Donne une raison pour laquelle la droite *d* ne peut être la médiatrice d'aucun des autres segments.

C F H J L
A
B
D G I K
E
d

2 L'illustration ci-contre, représentant un terrain de base-ball vu de haut, donne la position de certains joueurs et certaines joueuses.

Sur la feuille qu'on te remet, indique les endroits où il serait stratégique de frapper la balle afin de créer une confusion entre les joueurs et les joueuses. Laisse les traces de ta démarche.

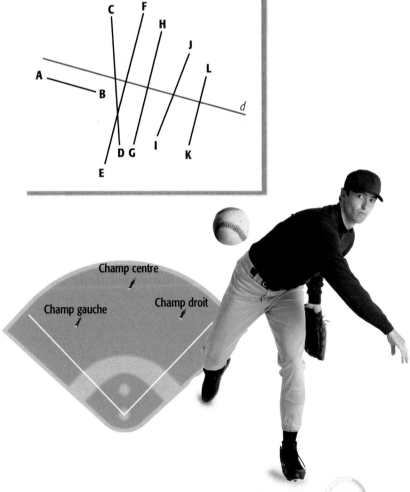

Champ centre

Champ gauche

Champ droit

La médiatrice **321**

3 Sur la feuille qu'on te remet, quelques cercles sont tracés.

- Sur l'un d'eux, inscris six points et identifie-les par les lettres **A, B, C, D, E** et **F.**

Une corde est un segment qui relie deux points du cercle.

- Trace la corde **AB,** la corde **CD** et la corde **EF.**

- Trace ensuite la médiatrice de chacune de ces cordes.

a) Que remarques-tu ?

b) Reprends les trois étapes de la consigne avec un autre cercle, en choisissant six emplacements différents pour les points **A, B, C, D, E** et **F.**

Une conjecture est une supposition fondée sur les apparences. Ce n'est pas une certitude.

c) Après avoir observé les deux cercles, émets une conjecture sur l'emplacement du point de rencontre des médiatrices des cordes d'un cercle.

d) Vérifie ta conjecture. Semble-t-elle se confirmer ? Comment as-tu procédé pour faire la vérification ?

e) Trouve des arguments mathématiques pour convaincre quelqu'un que ton hypothèse est confirmée.

f) Présente tes arguments à un ou une camarade et écoute les siens. Vos argumentations vous convainquent-elles ?

T'es-tu référé ou référé à la définition et aux propriétés des éléments géométriques concernés ?

4 Lorsque deux fourmilières sont situées l'une près de l'autre, la frontière entre leurs territoires se trouve généralement à égale distance des deux entrées.

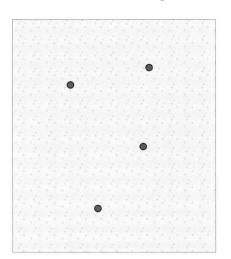

Calque l'illustration ci-contre, qui représente un vivarium. En tenant compte du principe énoncé ci-dessus, délimite le territoire de chacune des fourmilières.

5 Observe bien les sept triangles ci-dessous.

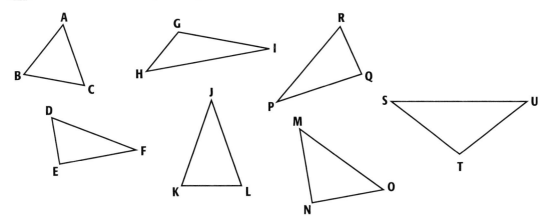

a) Décris chacun d'eux selon ses angles (triangle acutangle, triangle obtusangle ou triangle rectangle) et selon ses côtés (scalène, isocèle ou équilatéral).

b) Sur la feuille qu'on te remet, trace la médiatrice de chaque côté de tous ces triangles. Que remarques-tu ?

c) Classe chaque triangle selon l'endroit où se rencontrent ses trois médiatrices.

    1) Combien de catégories y a-t-il ?

    2) Quels types de triangles y a-t-il dans chacune des catégories ?

> Un triangle acutangle a trois angles intérieurs aigus. Un triangle obtusangle a un angle intérieur obtus.

6 Observe les deux quadrilatères ci-contre. Le quadrilatère ombré est l'image par réflexion du quadrilatère **ABCD.**

a) Sur la feuille qu'on te remet, trace l'axe de réflexion. Explique comment tu as procédé pour trouver l'emplacement de cet axe.

b) Si tu traces un segment reliant un sommet et son image, que représente l'axe de réflexion par rapport à ce segment ?

c) Si deux figures sont liées par une réflexion, décris une façon de procéder pour trouver l'emplacement de l'axe de réflexion.

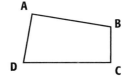

7 Sur une feuille de brouillon, trace quelques triangles et quelques quadrilatères, puis réponds aux questions ci-dessous. Si tu réponds par non à l'une d'elles, sur ta feuille de réponses, trace la figure qui t'a inspiré cette conclusion.

a) Est-ce toujours possible de tracer un cercle passant par les trois sommets d'un triangle ?

b) Est-ce toujours possible de tracer un cercle passant par les quatre sommets d'un quadrilatère ?

8 Au fur et à mesure qu'il se déplace, un avion effectuant un vol est repéré par les radars de la tour de contrôle se trouvant le plus près de sa position. On peut ainsi le suivre tout le long de son parcours. Voici la représentation de la trajectoire d'un avion se rendant de Québec à Gaspé et des tours de contrôle se trouvant sur son trajet.

Sur la feuille qu'on te remet, colorie chaque partie de la trajectoire de l'avion selon la couleur associée à la tour de contrôle se trouvant le plus près de sa position. Laisse les traces de ta démarche.

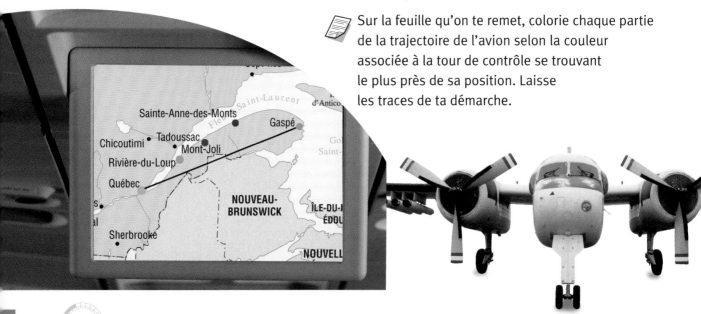

Rond-point

Au parc d'attractions

M. Beaumont est propriétaire d'un parc d'attractions. Lorsqu'il vante les mérites de son parc, il présente les cinq manèges les plus attrayants.

Un nouveau manège

Pour la prochaine saison, M. Beaumont voudrait bien attirer davantage de gens sur le site. Il fait donc appel à toi pour que tu lui proposes un nouveau manège! Ce manège doit augmenter la capacité moyenne des manèges les plus attrayants du parc.

Fais équipe avec un ou une camarade pour exécuter ce contrat.

 Ensemble, effectuez une recherche dans Internet pour trouver un manège que vous jugez intéressant.

Une fois le manège choisi, conservez-en une photographie ainsi que toutes les données pertinentes, dont sa capacité (en nombre de personnes à l'heure).

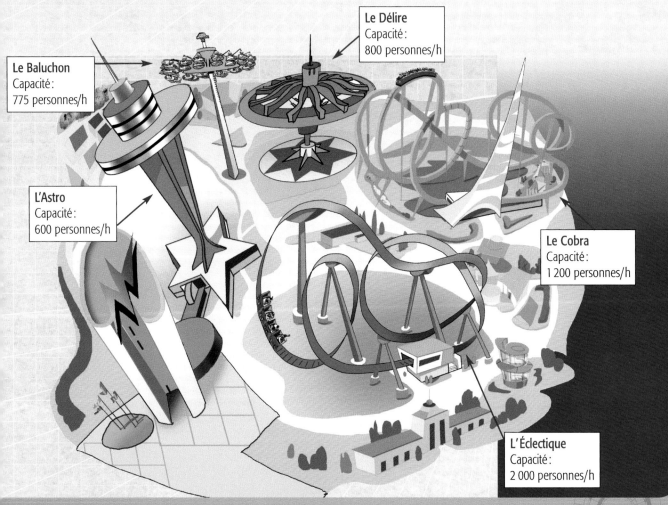

Le Délire
Capacité :
800 personnes/h

Le Baluchon
Capacité :
775 personnes/h

L'Astro
Capacité :
600 personnes/h

Le Cobra
Capacité :
1 200 personnes/h

L'Éclectique
Capacité :
2 000 personnes/h

Oblivion (Angleterre)

1. Des hauts et des bas !

Vitesse maximale : 113 km/h.

Angle de chute : 87,9°.

Hauteur au-dessus du sol : 19,82 mètres.

Niveau atteint sous le sol : 35,06 mètres.

Capacité : 1900 personnes/heure.

Cabine : 2 rangées de 8 places.

 Sur la feuille qu'on te remet, apprends à mieux comprendre pourquoi la chute de ce manège procure de si grands frissons.

Des recherches fructueuses

En naviguant dans Internet, on découvre des manèges tous plus excitants les uns que les autres ! En voici quatre exemples.

Enterprise (Angleterre)

2. Cœurs sensibles, s'abstenir !

Ce manège, dont les cabines mesurent 1,5 m de longueur, fait tourner les têtes et chavirer les cœurs !

Heures d'ouverture : de 8 h 30 à 17 h 40.

Capacité : 800 personnes/heure.

Durée d'un tour : 3 min 30 s.

 Sur la feuille qu'on te remet, découvre d'autres caractéristiques de ce manège à couper le souffle.

Samurai (Angleterre)

3. Émotions fortes garanties!

Ce manège composé de 6 rayons peut accueillir 30 personnes à la fois.

Les rayons mesurent 7 m de longueur et forment 6 angles au centre isométriques.

Capacité : 675 personnes/heure.

Durée d'un tour : 2 min.

 Sur la feuille qu'on te remet, découvre une autre caractéristique de cet étourdissant manège.

Thunder Looper (Angleterre)

4. C'est à faire tourner les têtes!

La boucle circulaire de ce manège a un diamètre de 14 mètres!

Vitesse atteinte : 85 km/h.

Masse : 40 tonnes.

Hauteur maximale : 42 mètres.

Capacité : 1000 personnes/heure.

Voilà une illustration qui en dit long!

 Sur la feuille qu'on te remet, imagine l'allure complète de ce manège du tonnerre.

Votre proposition

1. Préparez maintenant un document informatique pour présenter à M. Beaumont votre proposition de manège. Votre document devra comprendre :

• une photographie du nouveau manège ;

• un texte descriptif du manège fournissant les données pertinentes ;

• une explication démontrant que ce nouveau manège augmentera la capacité moyenne des manèges les plus attrayants du parc.

2. À ce document informatique, joignez vos réponses aux problèmes ci-dessous ainsi que la description de votre démarche dans chaque cas.

a) Sur la feuille qu'on vous remet, situez le nouveau manège de sorte qu'il se trouve aussi près de l'entrée nord que de l'entrée est, tout en étant le plus loin possible de l'entrée principale.

b) La veille de l'ouverture officielle, 1200 personnes sont invitées à essayer les manèges les plus attrayants du parc. Le tableau ci-contre indique, pour chacun des manèges, le nombre de personnes s'y étant dirigées pour leur premier tour.

Mme Tremblay a été la dernière personne à faire son tour de manège. Quel manège avait-elle choisi ?

MANÈGE	NOMBRE DE PERSONNES
Astro	120
Baluchon	175
Cobra	200
Délire	175
Éclectique	350
Nouveau manège	Le reste des personnes

DOSSIER
Jeux et stratégies

Analysez des jeux où interviennent
à la fois le hasard et la réflexion,
découvrez des stratégies
gagnantes et créez
un nouveau jeu.

Partie 4

DOSSIER
Comment ont-ils fait ?

À l'instar des scientifiques de
la Grèce antique qui ont réalisé
des exploits surprenants avec
peu de moyens, relevez un défi
qui, de prime abord, peut paraître
impossible.

DOSSIER
Rétrospective

Explorez davantage les
sujets passionnants abordés
au cours de l'année.

PLAN DE LA PARTIE 4

La Partie **4** est composée de deux dossiers ordinaires et d'un dossier Rétrospective. Chaque dossier ordinaire te propose des situations-problèmes exigeant l'apprentissage de nouvelles notions. Pour mieux intégrer les divers concepts et processus, essaie d'abord de résoudre toi-même les situations-problèmes. Rends-toi ensuite aux sections **ZOOM SUR**... afin de consolider tes connaissances nouvellement acquises. Celles-ci te seront fort utiles dans la résolution des problèmes de la section Eurêka !

Le dossier Rétrospective et la section Les retours te permettront de réinvestir les diverses notions abordées au cours de l'année. Tu t'assureras également d'avoir bien intégré toutes ces notions en réalisant les tâches du Rond-point.

DOSSIER
Jeux et stratégies
p. 331

Zoom sur l'arithmétique et l'algèbre
• Une page d'histoire : Sophie Germain, p. 376
• Les diviseurs et les nombres premiers, p. 377

Zoom sur la probabilité et la statistique
• Une page d'histoire : Blaise Pascal, p. 390
• La probabilité d'un événement, p. 391
• Le dénombrement, p. 396

Eurêka !, p. 342

DOSSIER
Rétrospective
p. 363

Retour sur l'arithmétique et l'algèbre
• Le sens du nombre, p. 412
• Les opérations, p. 414
• Le raisonnement proportionnel, p. 417
• L'algèbre, p. 418

Retour sur la probabilité et la statistique
• La probabilité, p. 419
• La statistique, p. 420

Retour sur la géométrie
• Les définitions et les propriétés de figures planes, p. 422
• La mesure, p. 425

Rond-point
p. 427

DOSSIER
Comment ont-ils fait ?
p. 347

Zoom sur l'arithmétique et l'algèbre
• Les situations de proportionnalité, p. 384

Zoom sur la géométrie
• Une page d'histoire : Thalès de Milet, p. 402
• Quelques propriétés des angles, p. 403

Eurêka !, p. 358

Jeux et stratégies

Depuis toujours, et dans toutes les cultures du monde, tant les adultes que les enfants jouent à des jeux de société. On joue pour s'amuser, bien sûr, pour passer du bon temps avec des gens qu'on aime, mais aussi pour s'améliorer, pour le plaisir de la compétition ou pour se donner un défi personnel.

Et toi, joues-tu souvent à des jeux de société ? Qu'est-ce que tu aimes ou n'aimes pas dans ces jeux ? Quelle est ta principale motivation lorsque tu joues : gagner, apprendre, t'amuser ou penser à autre chose ?

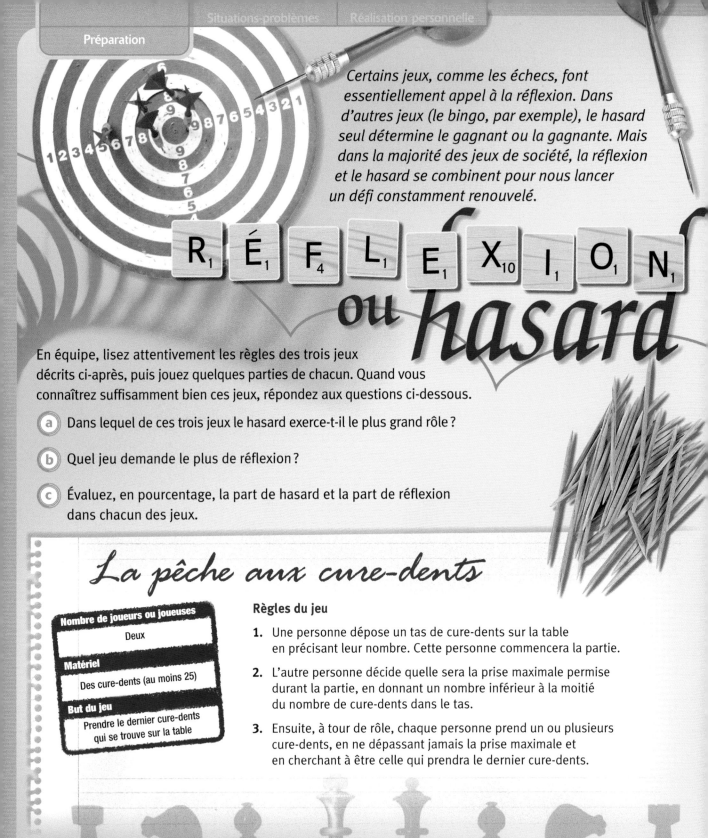

Certains jeux, comme les échecs, font essentiellement appel à la réflexion. Dans d'autres jeux (le bingo, par exemple), le hasard seul détermine le gagnant ou la gagnante. Mais dans la majorité des jeux de société, la réflexion et le hasard se combinent pour nous lancer un défi constamment renouvelé.

RÉFLEXION
ou hasard

En équipe, lisez attentivement les règles des trois jeux décrits ci-après, puis jouez quelques parties de chacun. Quand vous connaîtrez suffisamment bien ces jeux, répondez aux questions ci-dessous.

a) Dans lequel de ces trois jeux le hasard exerce-t-il le plus grand rôle ?

b) Quel jeu demande le plus de réflexion ?

c) Évaluez, en pourcentage, la part de hasard et la part de réflexion dans chacun des jeux.

La pêche aux cure-dents

Nombre de joueurs ou joueuses
Deux

Matériel
Des cure-dents (au moins 25)

But du jeu
Prendre le dernier cure-dents qui se trouve sur la table

Règles du jeu

1. Une personne dépose un tas de cure-dents sur la table en précisant leur nombre. Cette personne commencera la partie.

2. L'autre personne décide quelle sera la prise maximale permise durant la partie, en donnant un nombre inférieur à la moitié du nombre de cure-dents dans le tas.

3. Ensuite, à tour de rôle, chaque personne prend un ou plusieurs cure-dents, en ne dépassant jamais la prise maximale et en cherchant à être celle qui prendra le dernier cure-dents.

Roche, papier, ciseaux

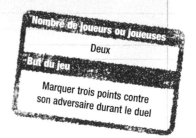
Règles du jeu

1. Les deux personnes se font face et doivent, au même moment, exprimer avec leur main l'un des signes ci-dessous.

2. Si les deux personnes ont choisi le même signe, aucun point n'est marqué. Si les signes sont différents, une personne marque un point, selon les résultats suivants.

- La roche l'emporte sur les ciseaux.
- Les ciseaux l'emportent sur le papier.
- Le papier l'emporte sur la roche.

Les neuf cartes

Règles du jeu

1. Les neuf cartes sont alignées devant la personne dont c'est le tour de jouer de façon que les nombres soient visibles.

2. La personne qui joue peut lancer un ou deux dés. Après chaque lancer, elle doit tenter d'égaler la valeur du dé ou la somme des deux dés, selon le cas, en retirant une ou plusieurs des cartes devant elle.

   Exemple : Si elle lance deux dés et que la somme est 9, elle peut retirer la carte 9 ou les cartes 8 et 1, ou encore les cartes 5, 3 et 1, etc.

3. Tant que la personne est capable d'égaler le résultat du ou des dés lancés en utilisant les cartes restantes, elle continue à jouer. Dans le cas contraire, son tour est terminé et elle note ses points, c'est-à-dire la somme obtenue par les cartes restantes, s'il y en a.

4. Une manche est complétée lorsque toutes les personnes ont joué. La partie dure trois manches.

Réalisation personnelle

Dans les pages suivantes, tu analyseras plus en profondeur ces jeux afin de mieux les comprendre. Pour cela, tu utiliseras des concepts et processus mathématiques comme la probabilité, le dénombrement et certaines propriétés des nombres naturels. À la fin de ce dossier, tu seras en mesure de compléter ton analyse de l'un des jeux à l'aide de l'une des situations proposées. Dans tous les cas, tu devras expliquer tes découvertes à tes camarades en ayant recours aux mathématiques.

Préparation   Réalisation personnelle

Situation-problème 1 ⟶ **Concepts et processus** – Zoom sur l'arithmétique et l'algèbre
Les diviseurs et les nombres premiers, p. 377 à 383

L'expression «jeu de Nim» désigne un type de jeu qui ne laisse rien au hasard. Dans ce jeu, dont les variantes sont nombreuses, deux personnes s'affrontent, enlevant à tour de rôle des objets (jetons, bâtonnets, cure-dents, etc.) de un ou plusieurs tas. Les règles diffèrent selon les variantes, mais le but est toujours le même : prendre le dernier objet.

La pêche aux

C U R E – D E N T S

Dans ce type de jeu, une fois la situation de départ et les règles bien définies, il existe toujours une stratégie gagnante pour l'une des personnes qui s'opposent.

La pêche aux cure-dents est un exemple de jeu de Nim. Comme dans tous les jeux de ce type, il existe une stratégie gagnante.

> Une stratégie gagnante est une façon de jouer qui permet de gagner, quels que soient les coups choisis par l'adversaire.

Rappelle-toi :
Pour gagner à ce jeu, il faut prendre le dernier cure-dents se trouvant sur la table.

a Fais équipe avec un ou une camarade. Ensemble, essayez de trouver cette stratégie gagnante en répondant aux questions des cinq situations présentées ci-dessous. Dans chaque cas, considérez que la **prise maximale permise est de cinq cure-dents**.

Situation ❶	**Situation ❷**	**Situation ❸**

Il reste 7 cure-dents. C'est à ton tour de jouer. Que fais-tu pour t'assurer de gagner ?	Il reste 11 cure-dents. C'est à ton tour de jouer. Que fais-tu pour t'assurer de gagner ?	Il reste 12 cure-dents. C'est à ton tour de jouer. Qui va gagner la partie ? Explique ta réponse.

Le jeu de Wythoff

On forme deux tas de jetons. Deux types de coups sont permis :
- enlever autant de jetons que l'on veut d'un seul tas ;
- enlever exactement le même nombre de jetons des deux tas.

À tour de rôle, les joueurs ou joueuses utilisent un des deux coups permis. La personne qui retire le dernier jeton gagne la partie.

b Analysez les mêmes situations en considérant que la **prise maximale permise est de trois cure-dents.**

Situation **4**	Situation **5**

Il reste 16 cure-dents. Préfères-tu que ce soit à ton tour de jouer ou à celui de ton adversaire ? Pourquoi ?	Imagine que le tas contient 225 cure-dents. C'est à ton tour de jouer. Que fais-tu pour t'assurer de gagner ? Explique ta stratégie gagnante.

DÉFI

Les règles du jeu de Wythoff, autre variante du jeu de Nim, sont décrites ci-contre. Joue quelques parties avec un ou une camarade en modifiant le nombre de jetons de départ à chaque nouvelle partie.

Dans le cas où la partie débute avec des tas contenant 5 et 10 jetons respectivement, il existe une stratégie gagnante pour la personne qui joue en premier.

Quelle est cette stratégie ?

Situation-problème 2 — **Concepts et processus** – Zoom sur la probabilité et la statistique
La probabilité d'un événement, p. 391 à 395

La majorité des jeux de société utilisent des cartes ou des dés pour faire intervenir le hasard dans le déroulement d'une partie. Ce n'est pas surprenant, car le hasard est le contraire de la monotonie. Il crée des situations nouvelles, provoque des revirements inattendus et donne de l'espoir dans des situations difficiles. Le hasard, c'est cette touche d'imprévu qui se rencontre aussi parfois dans la vie.

Dans le jeu des neuf cartes, le rôle du hasard est important, mais la personne qui joue doit aussi prendre de bonnes décisions. Par exemple, avant chaque lancer, elle doit décider si elle utilisera un ou deux dés.

Faire le bon choix

(a) Considère les deux situations décrites ci-dessous. Dans chaque cas, réponds à la question posée en justifiant ta réponse.

Situation **1**

Après quelques lancers de deux dés, il ne te reste plus qu'une carte, un 5. Au prochain lancer, devrais-tu utiliser encore deux dés ou un seul dé ?

Connais-tu bien la science des dés ?
Vérifie tes connaissances en répondant aux questions ci-dessous.
Compare tes réponses avec celles d'un ou d'une camarade.

1. Lorsqu'on lance un seul dé, les six résultats possibles sont-ils tous également probables ? Sinon, lequel est le plus probable ? Justifie ta réponse.

2. Si on lance deux dés, quelles sont toutes les sommes possibles ?

3. Avec deux dés, les sommes possibles sont-elles toutes également probables ? Sinon, laquelle est la plus probable ? Justifie ta réponse.

Les neuf

Situation 2

Dans une autre partie, il te reste les cartes suivantes : 4, 5 et 6. Pour avoir la plus grande probabilité d'enlever au moins une carte, dois-tu choisir un dé ou deux dés ?

b) Avec un ou une camarade, fais l'expérience de ces situations en lançant vingt fois un dé et vingt fois deux dés. Notez vos résultats sur la feuille qu'on vous remet.

Les résultats de votre expérience confirment-ils vos réponses en **a** ?

DÉFI RÉFLÉCHISSONS

a) Tu lances un dé deux fois de suite et obtiens chaque fois un 6. Si tu lances de nouveau le dé, est-il plus probable, également probable ou moins probable que tu obtiennes encore une fois un 6 plutôt qu'un 5 ?

b) Qu'est-ce qui est plus probable : obtenir la somme de 12 en lançant deux dés ou obtenir deux fois un 6 en lançant un seul dé à deux reprises ?

Roche, Papier,

*C'est un jeu de duel
très simple, pratiqué
partout dans
le monde. Au Japon,
on l'appelle* Jan Ken
Pon, *en Allemagne,*
Shnik Shnak Shnuk,
en Afrique du Sud,
Chin Chong Chow.
*Comme dans tous
les jeux de ce type,
la clé du succès
consiste à prévoir
le geste de
l'adversaire.*

Au début de ce dossier, tu as joué quelques parties de Roche, papier, ciseaux.

(a) Selon toi, le hasard joue-t-il un rôle important dans ce jeu ? Y a-t-il
d'autres éléments dont il faut tenir compte si l'on veut gagner ?

Chaque année a lieu le championnat mondial de Roche, papier, ciseaux. Ce championnat réunit
des centaines de participantes et de participants venus de nombreux pays. Selon les adeptes de ce jeu,
la psychologie y joue un grand rôle. Dans une longue suite de coups, il est en effet très difficile
de cacher complètement ses intentions. Dans certaines conditions, il serait donc possible d'anticiper
le prochain coup de son adversaire.

C₃iseaux

Un expert du jeu affirme qu'il est préférable de décider d'avance les coups à jouer, par groupe de trois, afin de mieux cacher ses intentions. Cet expert donne même des noms aux différentes séries de trois coups possibles. Par exemple, il nomme l'«Avalanche» la série consistant à jouer trois fois «roche» (notée RRR). Une autre série, appelée le «Crescendo», consiste à jouer «papier», puis «ciseaux» et «roche» (PCR).

b) Donne deux autres exemples de séries de trois coups. Comment nommerais-tu ces séries ?

c) Combien de séries possibles de trois coups y a-t-il ? Justifie ta réponse.

d) Crois-tu que l'une de ces séries est meilleure que les autres ? Justifie ta réponse.

Certaines personnes hésitent à répéter le même coup deux fois de suite.

e) Combien y a-t-il de façons de jouer trois coups sans répéter le même coup deux fois de suite ?

f) Selon toi, est-ce une bonne stratégie de ne jamais répéter le même coup deux fois de suite ? Explique ton point de vue.

DÉFI JE SAIS QUE TU SAIS QUE JE SAIS...

a) Tu penses que ton adversaire va jouer «roche» au prochain coup. Que devrais-tu jouer ?

b) Ton adversaire connaît la réponse que tu as donnée en **a)**. Sachant cela, la conserves-tu ? Explique ta réponse.

c) Qu'arrivera-t-il si ton adversaire sait que tu sais qu'il ou elle sait ?

*Tu as expérimenté
différents types
de jeux dans
les pages
précédentes.
Tu en connais
sûrement
plusieurs autres,
des jeux qui font
intervenir le hasard
ou qui exigent
de la réflexion,
de l'habileté ou
d'autres qualités.
Quel type de jeu
préfères-tu ?*

Comment pourrez-vous
vous assurer que
les élèves comprendront
bien votre exposé ?

Ton jeu

PRÉFÉRÉ

Lis, ci-dessous, les petits projets de recherche associés aux trois jeux que tu as expérimentés. Choisis un seul de ces projets de recherche. Fais ensuite équipe avec deux ou trois camarades ayant fait le même choix que toi et préparez ensemble un court exposé pour présenter vos résultats à la classe.

PREMIER PROJET DE RECHERCHE

À la pêche aux cure-dents, la personne jouant en premier décide du nombre de cure-dents à placer dans le tas initial et l'autre détermine la prise maximale.

a) Votre adversaire a fait un tas de 49 cure-dents. Déterminez la prise maximale qui vous assurera de gagner.

b) C'est à votre tour de commencer une partie. Combien de cure-dents pouvez-vous mettre dans le tas pour vous assurer de gagner, peu importe la prise maximale choisie par votre adversaire ?

DEUXIÈME PROJET DE RECHERCHE

Au jeu des neuf cartes, il faut prendre la bonne décision non seulement en choisissant de lancer un ou deux dés, mais aussi en retirant les cartes lorsqu'il y a plusieurs possibilités. Supposez qu'il reste les cinq cartes ci-dessous et qu'en lançant deux dés vous avez obtenu une somme de 9.

Quelles cartes est-il préférable d'enlever : 2 et 7 ou 3 et 6 ?

TROISIÈME PROJET DE RECHERCHE

Au jeu Roche, papier, ciseaux, il y a trois coups possibles. Comment se déroulerait une partie si l'on pouvait jouer un autre coup ? Inventez un quatrième coup possible. Décrivez la façon de le représenter avec la main et expliquez dans quels cas il est gagnant ou perdant.

En vous inspirant des questions de la page 339, formulez de nouvelles questions mathématiques concernant votre jeu, puis essayez d'y répondre.

Pour aller plus loin...

Présente à tes camarades un autre jeu que tu connais bien ou que tu as inventé. Décris-en le fonctionnement et explique comment tes connaissances mathématiques peuvent t'aider à prendre de meilleures décisions au cours d'une partie.

EURÊKA !

Au 4e siècle de notre ère, à Alexandrie. Le mathématicien et astronome Théon d'Alexandrie et sa fille Hypatie.

Ma fille, ta grâce et ton éloquence sont admirables. Mais ta compréhension profonde des philosophes l'est encore plus. Tu me surpasses par tes connaissances en mathématiques, car tu as le génie de rendre limpide ce qui est obscur... Je suis fier de toi. Il est temps que tu prennes la place que tu mérites.

Merci, père. Je vous dois tout.

Quelques années plus tard...

Je viens de Cyrène. Mon maître m'a conseillé de venir étudier avec Hypatie.

Comment ne pas succomber à son charme et à son intelligence ?

Je vous ai expliqué les travaux d'Euclide, d'Archimède et de Diophante en vous les rendant intelligibles. Mais j'aimerais surtout que vous gardiez votre esprit libre et ouvert. Faites preuve de vigilance ! Vérifiez toutes les affirmations. Efforcez-vous de comprendre ce qui ne semble pas clair. Même un maître peut se tromper ! Sachez qu'il est toujours possible d'améliorer la pensée des plus grands.

Hypatie est considérée comme l'une des dernières personnes savantes de la Grèce antique. Malheureusement, bien peu de choses nous sont restées de ses travaux en mathématiques. On sait cependant qu'elle a commenté et vulgarisé les écrits de ses prédécesseurs de façon brillante, aidant ainsi à préserver leur souvenir jusqu'à nos jours. Elle était aussi reconnue pour sa liberté de pensée.

Et toi, trouves-tu que c'est important d'avoir un esprit critique ?

Les mathématiques et moi

Valider une solution

Lorsque tu résous une situation-problème, que fais-tu pour valider ta solution?

À chaque étape, je me demande si le résultat obtenu est plausible, car, à mon avis, ce n'est pas seulement la réponse finale qu'il faut vérifier.

Je reprends au moins une fois mes calculs en essayant de procéder autrement.

Moi aussi, je vérifie mes calculs, mais en procédant à rebours avec les opérations inverses. Par exemple, si je dois diviser un nombre par un autre, je vérifie ma réponse en multipliant le quotient par le diviseur.

J'aime beaucoup demander à une autre personne de vérifier mon travail. C'est rassurant. Parfois, je m'imagine être l'autre personne et j'essaie de me corriger toute seule en étant exigeante envers moi-même.

Moi, je me demande toujours si ma réponse est plausible.

Ce que je préfère, c'est de comparer ma solution avec celle d'un ou d'une camarade.

Moi j'essaie d'estimer la réponse avant de faire quoi que ce soit. De cette façon, je peux toujours comparer le résultat obtenu à mon estimation.

Et toi, que répondrais-tu à cette question?

En essayant de résoudre les situations-problèmes des pages suivantes, prête attention aux stratégies que tu utilises pour valider ta solution. Dans le cas de l'une des solutions que tu auras trouvées, explique pourquoi tu es certain ou certaine que la réponse obtenue est correcte.

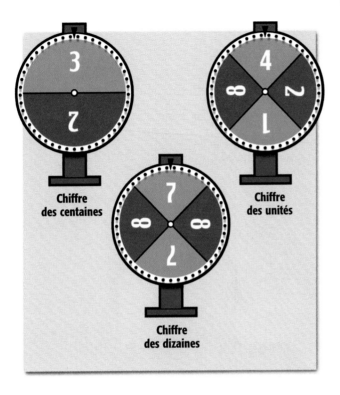

Chiffre des centaines

Chiffre des unités

Chiffre des dizaines

1. Faites vos jeux!

Dans un jeu de hasard, il faut prédire une propriété du nombre qui sera formé.

Le choix se fait parmi les trois propriétés suivantes.

> C'est un multiple de 9.

> C'est un multiple de 12.

> C'est un nombre premier.

Ensuite, une personne fait tourner les roues ci-contre pour former un nombre de trois chiffres.

On gagne un prix si le nombre formé a la propriété choisie.

Laquelle des trois propriétés est-il préférable de choisir? Justifie ta réponse.

2. Après vous!

Dans ce jeu se jouant à deux, chaque personne choisit l'un des trois dés dont le développement est représenté ci-dessous, puis lance son dé. La personne dont le résultat est le plus élevé gagne.

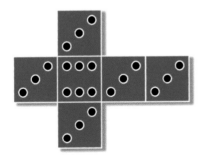

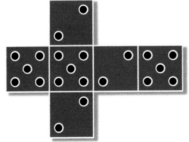

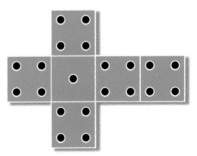

Ton adversaire t'offre de choisir un dé en premier. Que dois-tu faire? Justifie ta réponse.

3. Jeu de miroirs

Dans une pièce rectangulaire, tous les murs sont couverts de miroirs. À partir de l'un des coins, en formant un angle de 45°, on projette un rayon laser. Les murs réfléchissent le rayon jusqu'à ce qu'il atteigne un autre coin de la pièce.

Voici des exemples de la trajectoire du rayon dans des pièces de différentes dimensions, vues de haut. Le rayon est toujours lancé du coin **D**.

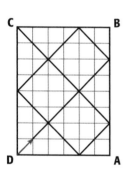 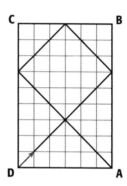 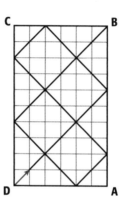

Comme tu le vois, selon les dimensions de la pièce, le point d'arrivée du rayon est l'un ou l'autre des coins **A, B** ou **C.**

Dans quel coin le rayon terminerait-il sa course si la pièce mesurait 250 unités sur 6 unités ? Explique comment tu as procédé pour le déterminer.

4. L'énigme des diviseurs

Sachant que CINQ est divisible par 5, NEUF est divisible par 9, DOUZE est divisible par 12 et QUINZE est divisible par 15, peut-on affirmer que ONZE est divisible par 11 ?

Voici deux indices pour t'aider à résoudre cette énigme.

- CINQ correspond à des chiffres consécutifs placés dans l'ordre décroissant.

- C'est aussi le cas de OUF !

Je fais le point

Ta réalisation personnelle

> Qu'est-ce qui a motivé ton choix de projet de recherche ? Qu'est-ce qui a motivé celui de tes camarades ?

> Les explications que vous avez données dans votre exposé ont-elles été bien comprises par les élèves ?

Eurêka !

> Dans la résolution des situations-problèmes, comment as-tu vérifié tes solutions ?

> Est-il facile pour toi de bien expliquer une solution par écrit ? Donne un exemple.

Tes connaissances mathématiques

Au quotidien

Durant quelques jours, observe la présence du hasard autour de toi, dans les médias, dans ta famille, dans tes activités et tes jeux.

Selon toi, le hasard intervient-il souvent dans ta vie ou celle de tes proches ?

Donne quelques exemples.

Le jeu-questionnaire

Avec des camarades, compose des questions sur les nouvelles notions que vous avez apprises. Vos questions, auxquelles on devrait pouvoir répondre en quelques secondes, devraient porter sur tous les thèmes abordés dans ce dossier : les caractères de divisibilité, les nombres premiers, la probabilité et le dénombrement. Écrivez les questions et les réponses sur des cartons.

Présentez le jeu à d'autres élèves après en avoir défini les règles.

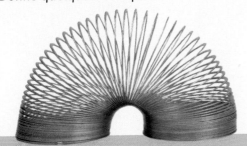

Comment ont-ils fait?

En se renseignant sur les anciennes civilisations, on découvre parfois des choses étonnantes. Par exemple, dans la Grèce antique, on savait que la Terre était ronde et l'on connaissait sa circonférence assez précisément. Cette civilisation avait également déterminé la distance de la Terre à la Lune, et même celle du Soleil à la Terre.

À ton avis, comment les gens de cette époque ont-ils fait pour déterminer ces grandeurs?

Y a-t-il d'autres connaissances ou réalisations d'anciennes civilisations qui semblent surprenantes compte tenu des moyens de l'époque?

« Ce que la main ne peut

Reporter : — Monsieur Thalès de Milet, pourquoi teniez-vous à trouver la mesure de la hauteur de cette pyramide ?

Thalès de Milet : — Lorsqu'il l'a fait ériger, le pharaon Kheops voulait que les êtres humains se disent, en la regardant : « Nous ne sommes rien devant la puissance des dieux ! » J'ai pris cela comme un défi à relever.

R : — Mais comment avez-vous réussi à mesurer la hauteur de cette énorme pyramide, avec ses faces inclinées ?

TdM : — Si vous me permettez l'expression, le défi était de taille ! Je savais évidemment que chacun des côtés de sa base carrée mesurait environ 432 coudées [soit l'équivalent de 230 m].

(a) Sur la feuille qu'on te remet figure la représentation d'une pyramide droite à base carrée. Sur cette représentation, trace un segment correspondant à la hauteur de la pyramide. Compare ta réponse avec celle d'un ou d'une camarade. Décrivez où sont situées les deux extrémités du segment représentant la hauteur.

TdM : — À côté de la pyramide, j'ai tracé sur le sol un cercle dont le rayon correspondait à ma taille. J'ai cherché les moments où mon ombre était de la même longueur que ma taille.

R : — Parmi ces moments, lequel ou lesquels vous ont permis de mesurer la pyramide ?

TdM : — Quand mon ombre a été parallèle au côté de la base de la pyramide, j'ai mesuré la distance sur le sol entre la base et le sommet de l'ombre de la pyramide. J'ai obtenu une mesure d'environ 58 coudées [soit l'équivalent de 31 m].

b) À l'aide des données fournies dans cette entrevue, détermine la hauteur de la grande pyramide de Kheops. Laisse les traces de ta démarche.

Savais-tu que les conditions propices au calcul de Thalès de Milet ne sont satisfaites qu'à deux moments de l'année en Égypte ? En effet, elles sont réunies uniquement le 20 novembre et le 21 janvier !

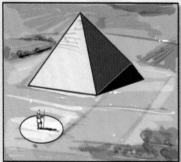

Vue de côté

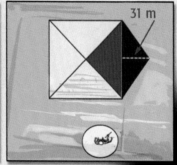

31 m

Vue de haut

Réalisation personnelle

Comment procéderais-tu pour calculer la distance de la Terre à la Lune ? Demande à des gens de ton entourage comment ils s'y prendraient. À la fin du présent dossier, tu calculeras cette distance en utilisant des moyens rudimentaires mais ingénieux, comme l'a fait Thalès de Milet dans le cas de la grande pyramide. Les situations présentées dans ce dossier t'aideront à relever ce défi. Au cours des prochains jours, prête attention aux moments où la Lune sera visible, car, pour effectuer ce calcul, tu devras la voir.

Comment

Lorsqu'on dispose de peu de moyens, il faut souvent faire preuve de persévérance et d'imagination pour arriver à ses fins. Des phénomènes simples, qui passent souvent inaperçus, peuvent alors s'avérer fort utiles quand on y prête attention. Par exemple, notre champ de vision peut nous révéler des choses surprenantes...

En observant l'illustration ci-contre, tu te rendras compte qu'elle présente le champ de vision d'un père de famille, à qui ses deux enfants paraissent de la même taille. Or, en réalité, Louis est deux fois plus grand qu'Anna. Comment expliques-tu ce phénomène ? Y a-t-il d'autres endroits où Louis pourrait être situé pour que son père perçoive ses enfants de la même taille ?

La structure ci-dessous, composée de petits cubes identiques et emboîtables, permet d'analyser ce phénomène.

Quant à la représentation ci-contre, elle montre ce que l'on aperçoit dans son champ de vision quand on place cette structure juste sous un œil. Les trois tours paraissent de la même taille.

se **fier** aux apparences...

a Compare les longueurs de certaines parties de la structure afin d'analyser le phénomène observé dans la situation décrite à la page précédente. Partage tes conclusions avec un ou une camarade.

b Anna mesure 82 cm et son frère Martin, 1,23 m. Quelle pourrait être la distance entre chacun des enfants et les yeux du père pour que celui-ci les perçoive de la même taille dans son champ de vision ? Donne deux exemples.

UN DÉFI

Fais équipe avec un ou une camarade pour relever le défi suivant.

Votre enseignant ou enseignante vous donnera sa taille en mètres. À l'aide de cette information et d'une règle graduée en centimètres, et tout en restant à votre place, déterminez la distance qui vous sépare de votre enseignant ou enseignante.

a) Décrivez les différentes étapes qui vous ont permis de mesurer la distance demandée. Avez-vous d'abord effectué une estimation ?

b) Comparez votre démarche avec celle d'une autre dyade. Estimez l'exactitude des réponses dans les deux cas en tenant compte de vos emplacements respectifs.

c) À l'aide d'un mètre à ruban, vérifiez votre réponse en mesurant la distance qui vous sépare de votre enseignant ou enseignante. Avez-vous bien relevé le défi ?

Situation-problème 2 —— **Concepts et processus** – Zoom sur la géométrie
Quelques propriétés des angles, p. 403 à 410

Reporter : — Monsieur Ératosthène, comment l'idée d'estimer la circonférence de la Terre vous est-elle venue à l'esprit ?

Ératosthène : — D'abord, j'étais fasciné par deux phénomènes se produisant au moment du solstice d'été. À Syène [aujourd'hui Assouan], en Égypte, les objets n'ont pas d'ombre à midi ; j'ai vu, notamment, que le Soleil se reflète directement au fond d'un puits ! Au même moment, à Alexandrie, les objets, dont l'immense obélisque de cette ville, projettent une ombre. J'ai également prêté attention à d'autres phénomènes, comme le fait qu'un marin perché en haut d'un mât voit plus loin qu'un autre se trouvant sur le pont, ou que, pendant une éclipse de Lune, la Terre produit une ombre courbée sur la surface lunaire. J'en ai conclu que la Terre était ronde. De plus, le Soleil étant situé très loin de la Terre, ses rayons nous arrivent de façon parallèle. Ainsi, les ombres varient en longueur selon l'endroit où l'on se trouve sur la Terre.

Tout comme Thalès de Milet, le mathématicien Ératosthène (v. 276 av. J.-C. - v. 194 av. J.-C.) utilisa l'ombre produite par le Soleil pour estimer assez précisément la circonférence de la Terre. Toujours en Égypte, notre reporter a rencontré Ératosthène.

L'ombre *encore*

Reporter : — Mais il y a tout un pas entre savoir que la Terre est ronde et en évaluer sa circonférence ! Comment y êtes-vous arrivé ?

Érastosthène :
— La représentation ci-contre contient les données que j'ai considérées.

Angle de 7,2°

Obélisque d'Alexandrie

Ombre

Distance entre les deux villes : 5000 stades (soit environ 795 km)

Rayons parallèles du Soleil

360°

Puits à Syène

Puis, en utilisant des propriétés géométriques des angles et un raisonnement proportionnel, j'ai réussi à calculer la circonférence de notre planète !

a) Trouve, en kilomètres, l'estimation de la circonférence de la Terre qu'Ératosthène a pu effectuer. Laisse les traces de ta démarche.

b) Quelle est la différence entre la circonférence réelle de la Terre et le résultat obtenu par Ératosthène ? Que penses-tu du travail de ce mathématicien ?

Plus de 2000 ans après Ératosthène, des jeunes de ton âge ont reproduit son expérience du calcul de la circonférence de la Terre. Ils ont relevé les mêmes données à Alexandrie et à Assouan (Syène) et utilisé le même raisonnement. Tu peux trouver dans Internet une description de leur projet.

à la rescousse...

Situation-problème 3

Tout est relatif

L'ordre de grandeur est une approximation d'une grandeur qui correspond à la puissance de dix la plus rapprochée de cette grandeur.

Dans les situations précédentes, tu as vu comment Thalès de Milet et Ératosthène ont utilisé le rayonnement solaire pour évaluer des grandeurs. Or, pour cela, il leur a fallu considérer que les rayons du Soleil nous parviennent de façon parallèle. Avaient-ils raison de faire une telle supposition ?

As-tu une idée de l'ordre de grandeur de la distance moyenne, en mètres, du Soleil à la Terre ?

Dans le tableau ci-dessous, les grandeurs, en mètres, sont exprimées à l'aide de puissances de dix.

GRANDEUR EN MÈTRES	EXEMPLE	NOM DE L'ORDRE DE GRANDEUR
10^1		Dizaine
10^2		Centaine
10^3		Millier
10^4		Dizaine de milliers
10^5		Centaine de milliers
10^6		Million
10^7		Dizaine de millions
10^8		Centaine de millions
10^9		Milliard
10^{10}		Dizaine de milliards
10^{11}		Centaine de milliards
10^{12}		Billion

Voici des préfixes associés à certaines puissances de dix. 10^{12} *téra-* (T), 10^9 *giga-* (G), 10^6 *méga-* (M), 10^3 *kilo-* (k), 10^2 *hecto-* (h), 10^1 *déca-* (da). Décris une situation de la vie courante où tu as déjà vu ce type de préfixe.

a) Pour chacune de ces grandeurs, cherche un exemple, comme la taille d'un objet ou une distance, qui y correspond. Pour effectuer tes recherches, consulte une encyclopédie, un dictionnaire, Internet, etc.

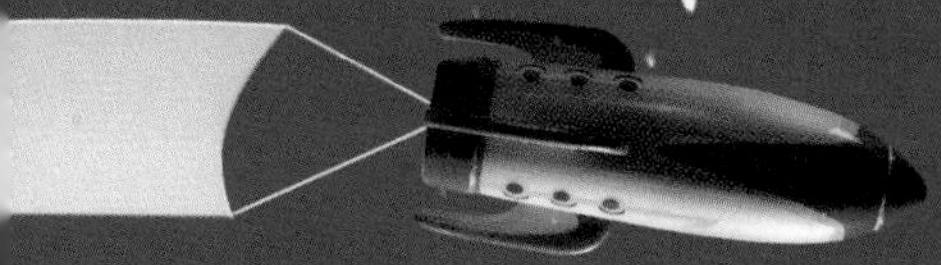

b) Compare tes exemples avec ceux d'un ou d'une camarade. Ensemble, indiquez où, dans ce tableau, vous inscririez la distance moyenne de la Terre au Soleil.

c) Expliquez pourquoi, selon vous, Thalès de Milet et Ératosthène pouvaient considérer que les rayons du soleil nous parviennent de façon parallèle. Quelle est l'opinion des autres élèves de la classe ?

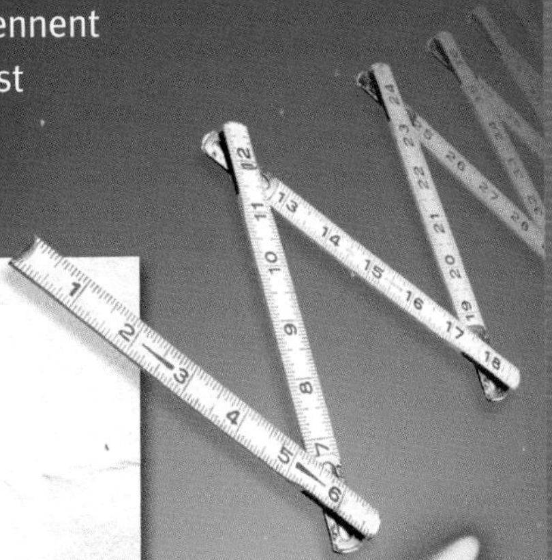

As-tu l'œil ?

Parmi les grandeurs décrites ci-dessous, associe celles qui correspondent au même ordre de grandeur. Compare ensuite tes réponses avec celles d'un ou d'une camarade.

1) La population mondiale.

2) Le nombre de litres d'eau sur la terre.

3) Le nombre de débris en orbite autour de la Terre.

4) Le nombre maximal de caractères pouvant être enregistrés sur un disque compact.

5) Le nombre de secondes dans un siècle.

6) Le diamètre en mètres de la Voie lactée.

7) La population canadienne.

8) Le diamètre en mètres du Soleil.

La photographie ci-contre a été prise par la sonde spatiale *Galiléo* en 1992. Ce cliché a été pris à environ 6,2 millions de kilomètres de la Terre !

Selon toi, quel est l'ordre de grandeur de la distance de la Terre à la Lune en kilomètres ?

 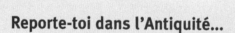

Objectif *estimer la distance*

Depuis le début de l'humanité, le Soleil et la Lune n'ont cessé d'intriguer les gens. À l'œil nu, ces astres peuvent paraître à peu près de la même grosseur. Or, tu sais qu'il en est tout autrement. Cependant, dans l'Antiquité, on ne possédait pas les moyens d'aujourd'hui pour évaluer les distances.

Reporte-toi dans l'Antiquité...

Voici les étapes d'un raisonnement auquel on a pu recourir, dans l'Antiquité, pour estimer la distance de la Terre à la Lune. Quand tu pourras voir la Lune, suis à ton tour ces étapes. Prends des notes, car tu devras ensuite rédiger un document original décrivant toute ta démarche. N'hésite pas à joindre des schémas ou des illustrations à ton texte pour mieux faire comprendre ta façon de procéder.

1er temps : estimer le diamètre de la Terre

Utilise la circonférence de la Terre estimée par Ératosthène pour estimer son diamètre (voir la page 353).

2e temps : estimer le diamètre de la Lune

8 novembre 2003

Dans l'Antiquité, les savants réussissaient à tracer des schémas assez précis de la Lune au moment d'une éclipse. Au cours de ce phénomène, l'ombre de la Terre cache une partie de la pleine Lune. Voici une photographie de l'éclipse lunaire qui a eu lieu au Québec le 8 novembre 2003. Utilise le document qu'on te remet pour déterminer combien de fois le diamètre de la Lune est plus petit que celui de la Terre. Estime ensuite le diamètre de la Lune à l'aide de celui de la Terre déterminé au 1er temps.

de la Terre à la Lune

3e temps : estimer la distance de la Terre à la Lune

Perce un trou de 1 cm de diamètre dans un carton. Regarde la Lune à travers ce trou et ajuste la distance entre le carton et ton œil de telle sorte que le trou t'apparaisse de la même grandeur que la Lune. Détermine la distance entre ton œil et le trou. Utilise cette distance, le diamètre de la Lune et celui du trou pour déduire la distance de la Terre à la Lune.

Complète ton document en répondant aux questions suivantes.

- Avais-tu visé juste quant à l'ordre de grandeur de la distance de la Terre à la Lune ?

- Compare ton résultat avec la distance réelle de la Terre à la Lune. Considères-tu ton erreur d'estimation comme acceptable ? Explique.

- Explique d'où pourraient provenir les erreurs d'estimation dans les différentes étapes du raisonnement.

Pour rendre ton document attrayant, quels renseignements devrais-tu mettre en évidence ?

Pour aller plus loin...

Dans le ciel, le Soleil nous apparaît approximativement aussi gros que la Lune. Peut-on alors conclure qu'il est aussi gros qu'elle ? Se trouve-t-il aussi près de la Terre que la Lune ? Comment les gens de l'Antiquité ont-ils pu répondre à ces questions, compte tenu des moyens à leur disposition ? Consulte Internet pour t'aider.

EURÊKA !

Rencontre avec Archimède et Hypatie

En 212 av. J.-C., à Syracuse.

Cette figure pourrait m'aider à résoudre un problème...

En 413, à Alexandrie.

Regardez bien ce dessin. Il représente notre Univers...

Cette païenne prétentieuse exerce une mauvaise influence sur les jeunes.

Archimède ? Suis-moi, Marcellus veut te voir.

Écarte-toi, soldat. Tu fais de l'ombre sur le cercle...

Le lendemain.

C'est là qu'elle demeure !

Insolent !

Lorsque l'armée romaine dirigée par Marcellus a pris Syracuse, Archimède a été tué par un soldat.

Témoignage de Socrates Scholasticus, historien du 5e siècle.

Après avoir traîné Hypatie dans la rue, la foule l'a tuée en lui lançant des pierres. On a ensuite brûlé son corps sur la place publique. Cela s'est passé au mois de mars de la quatrième année de l'épiscopat de l'évêque Cyrille.

Six cents ans séparent Archimède et Hypatie, mais tous les deux avaient un même objectif qui donnait un sens à leur vie : chercher à comprendre et à expliquer clairement l'Univers malgré le monde parfois violent, rempli de préjugés et d'ignorance, qui les entourait. Et toi, que penses-tu de cet objectif ?

Les mathématiques et moi

 Ai-je changé ?

À la Partie **1,** dans le dossier Vestiges du passé, tu as répondu à un petit test pour mieux connaître tes réactions par rapport à la résolution de problème. Depuis ce temps, tu as résolu de nombreuses situations-problèmes et ta perception de la résolution de problème a probablement changé. Vérifie si c'est le cas en répondant de nouveau à ce test.

♦ ▲ ● ■ **1** J'ai de la difficulté à résoudre un problème si personne ne m'aide.

■ ● ▲ ♦ **2** J'essaie toujours de résoudre les problèmes qui me sont proposés.

■ ● ▲ ♦ **3** Je suis capable de résoudre des problèmes difficiles.

■ ● ▲ ♦ **4** Il m'arrive parfois de travailler longtemps à la résolution d'un problème.

♦ ▲ ● ■ **5** J'ai moins d'habileté que les autres élèves en résolution de problèmes.

♦ ▲ ● ■ **6** J'abandonne lorsque je ne trouve pas la solution d'un problème.

♦ ▲ ● ■ **7** Je n'éprouve aucun intérêt à résoudre des problèmes.

■ ● ▲ ♦ **8** J'aime présenter ma solution au tableau devant les élèves.

■ ● ▲ ♦ **9** Parfois, j'essaie de résoudre des problèmes pour mon seul plaisir.

♦ ▲ ● ■ **10** Il est impossible qu'un jour je sois la seule personne de ma classe capable de résoudre un problème.

Compare tes réponses avec celles que tu avais données à la Partie **1.** Que constates-tu ? Comment qualifierais-tu ton cheminement dans la résolution de problème cette année ? Dans son ensemble, ta perception de la résolution de problème a-t-elle changé ? Si oui, de quelle façon ?

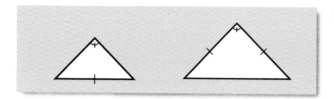

1. Les deux triangles

Fabrice a découpé deux formes, illustrées ci-contre, correspondant à des triangles isocèles. De plus, les côtés marqués d'un trait sont isométriques ainsi que les angles marqués d'un trait.

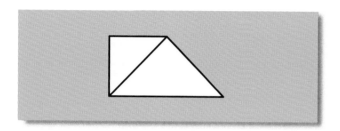

Il place les deux formes tel qu'il est illustré ci-contre et trace le contour de la figure obtenue.

Cette figure est-elle un trapèze ? Justifie les étapes de ton raisonnement à l'aide de propriétés géométriques.

2. La course des planètes

La distance moyenne du Soleil à la Terre est d'environ 150 millions de kilomètres. Quant à celle du Soleil à la planète Mars, elle est d'environ 228 millions de kilomètres. Une année martienne équivaut à environ 687 jours terrestres. En supposant que les deux planètes suivent une orbite circulaire autour du Soleil, détermine laquelle se déplace le plus rapidement. Laisse les traces de ta démarche.

3. Le bricolage

Pour effectuer un bricolage, Morgane plie une feuille de papier rectangulaire le long d'une de ses diagonales, comme dans l'illustration ci-contre.

a) Le triangle **ACE** est-il isocèle ? Justifie ta réponse à l'aide de propriétés géométriques.

b) Avant de découper sa feuille, Morgane se demande si les petits triangles **ABE** et **CDE** sont isométriques. Sans les mesurer, détermine si les angles intérieurs et les côtés de ces deux triangles ont les mêmes mesures. Justifie les étapes de ton raisonnement.

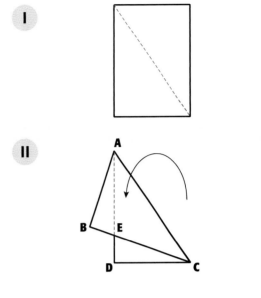

4. Mission sur Mars

Imagine que des astronautes effectuant une mission sur Mars ont besoin d'une bonne estimation du diamètre de la planète. Leur équipement électronique étant en panne, ils décident d'utiliser la méthode d'Ératosthène (voir les pages 344 et 345). Un astronaute se trouve à la base Alpha et l'autre, à la base Omega, située à 300 km plus au sud. Voici une illustration représentant la situation et les données qu'ils ont recueillies.

Estime le diamètre de Mars. Laisse les traces de ta démarche.

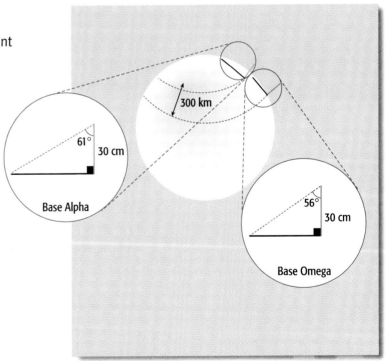

Je fais le point

Ta réalisation personnelle

> Décris ta réaction lorsque tu as comparé ton estimation de la distance de la Terre à la Lune avec la distance réelle.

> Quelles ont été les réactions des gens auxquels tu as présenté ton document décrivant les étapes de ta démarche ?

Eurêka !

> Décris la façon dont tu réagis, maintenant, devant une situation-problème mathématique à résoudre. Selon toi, a-t-elle changé depuis le début de l'année ? Si oui, qu'est-ce qui pourrait expliquer ce changement ?

> Est-ce que tes camarades réagissent différemment, aujourd'hui, devant une situation-problème à résoudre ? À ton avis, quelles seraient les raisons de ce changement ?

Tes connaissances mathématiques

Les situations de proportionnalité

Décris une situation en lien avec ta vie de tous les jours, qui est une situation de proportionnalité et une autre qui ne l'est pas. Explique tes choix.

Les propriétés des angles

Dans quels domaines de la vie courante, comme les métiers ou les loisirs, les propriétés des angles que tu as apprises au cours de ce dossier pourraient-elles être utiles ? Donne un exemple pour illustrer leur utilité.

Rétrospective

 armi tous les dossiers de l'année, lesquels as-tu trouvés les plus intéressants ? Explique pourquoi.

Les situations-problèmes des pages suivantes te permettront d'explorer de nouveau chacun des thèmes des dossiers, toujours selon une perspective mathématique. L'ordre importe peu : commence par les thèmes qui t'intéressent et amuse-toi !

Les ACTIVITÉS
de Marie et de Karla

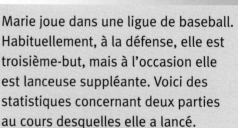

Marie joue dans une ligue de baseball. Habituellement, à la défense, elle est troisième-but, mais à l'occasion elle est lanceuse suppléante. Voici des statistiques concernant deux parties au cours desquelles elle a lancé.

	1re PARTIE	2e PARTIE
Manches où Marie a lancé	$\frac{2}{3}$	3
Retrait sur trois prises	1	5
Buts sur balles accordés	2	3
Points accordés	1	4

Selon toi, dans quelle partie sa performance a-t-elle été la meilleure ? Justifie ta réponse.

Karla est percussionniste dans une harmonie. Elle explique à une amie la valeur de certaines notes figurant dans une partition musicale.

Si une noire (♩) vaut 1 temps, une croche (♪) vaut $\frac{1}{2}$ temps et une double croche (♬), $\frac{1}{4}$ de temps.

Une note pointée vaut une fois et demie sa valeur habituelle.

Par exemple, (♩.) équivaut à la durée d'une noire et d'une croche.

Dans un triolet, chaque note vaut $\frac{2}{3}$ de sa valeur habituelle.

Par exemple, équivaut à la durée de deux noires.

À l'aide de ces renseignements, détermine la valeur de chaque note dans le triolet ci-contre.

Une double croche change d'apparence lorsqu'elle est jointe à d'autres notes, comme tu peux le constater dans le triolet ci-contre, où la note du centre vaut une double croche et les deux autres des croches.

L'éducation au Québec

Au Québec, le système scolaire comprend le réseau public et le réseau privé. On estime que 99 % des jeunes de ton âge fréquentent l'un ou l'autre de ces réseaux.

DOCUMENT 1

NOMBRE DE JEUNES PAR ORDRE D'ENSEIGNEMENT SELON LE TYPE DE RÉSEAU (2003-2004)			
	RÉSEAU PUBLIC	RÉSEAU PRIVÉ	TOTAL
PRÉSCOLAIRE	86 703	4 417	91 120
PRIMAIRE	517 996	29 473	547 469
SECONDAIRE	385 139	81 310	466 449

DOCUMENT 2

Inscription au secondaire général pour chaque classe

1er	2e	3e	4e	5e	Obtention d'un diplôme avant l'âge de 20 ans
100 → 99 →	97 →	92 →	84 →	74 ⟶	66

(a) D'après ces données, comment perçois-tu la situation de l'éducation au secondaire, au Québec? Est-elle critique ou non? Explique ton point de vue.

(b) En 2003-2004, environ 80 000 élèves pouvaient accéder au secondaire.

1) Parmi ces élèves, combien devraient obtenir un diplôme avant l'âge de 20 ans? Donne ta réponse au millier d'élèves près.

2) Combien décrocheront probablement du système scolaire avant d'obtenir un diplôme?

(c) À l'université, on évalue à 72 % le pourcentage des étudiants et des étudiantes qui obtiendront un diplôme. Peut-on affirmer qu'un plus grand nombre de diplômes universitaires seront décernés par rapport au nombre de diplômes du secondaire? Explique ton point de vue.

La forteresse a la forme d'un octogone régulier, dont les plus longues diagonales mesurent 800 mètres chacune. La ville est constituée de 48 ensembles de maisons séparés par de larges rues se croisant à angle droit. Le plan de Vauban comprenait également une place centrale, une église, des boutiques et des baraquements militaires.

La place forte de Neuf-Brisach

Avec son plan octogonal quadrillé, Neuf-Brisach, dans la région de l'Alsace, en France, compte parmi les très nombreuses places fortes construites par Sébastien Le Prestre de Vauban à la fin du 17e siècle.

Souviens-toi, un polygone régulier est un polygone ayant tous ses côtés isométriques et tous ses angles intérieurs isométriques.

(a) Sur la feuille qu'on te remet, situe précisément le centre **O** de la forteresse. Explique comment tu as procédé, en utilisant un langage mathématique approprié.

(b) Trace le cercle ayant pour centre le point **O** situé en **a** et pour rayon le segment **OA**. Que remarques-tu ?

(c) De quel type est le quadrilatère **ABEF** ? Justifie ta réponse.

(d) Détermine assez précisément entre quelles valeurs se situe le périmètre de cette forteresse. Laisse les traces de tes calculs.

Le rêve de Réjean Thomas

Réjean Thomas, médecin de profession, se consacre depuis longtemps aux malades atteints du sida. Son plus grand rêve est d'amener la société à faire montre d'une plus grande tolérance envers les personnes séropositives pour le VIH. Il souhaite aussi, bien sûr, que l'épidémie soit enrayée définitivement.

Observe les deux illustrations ci-dessous.

Adultes et enfants atteints du VIH/sida
Estimations à la fin de 2004

Amérique du Nord
540 000 – 1,6 million

Europe occidentale et centrale
480 000 – 760 000

Europe orientale et Asie centrale
920 000 – 2,1 millions

Asie de l'Est
560 000 – 1,8 million

Caraïbes
270 000 – 780 000

Afrique du Nord et Moyen-Orient
230 000 – 1,5 million

Asie du Sud et du Sud-Est
4,4 – 10,6 millions

Amérique latine
1,3 – 2,2 millions

Afrique subsaharienne
23,4 – 28,4 millions

Océanie
25 000 – 48 000

Nombre estimatif de décès dus au sida
chez l'adulte et l'enfant en 2004

Amérique du Nord
8400 – 25 000

Europe occidentale et Europe centrale
< 8500

Europe orientale et Asie centrale
39 000 – 87 000

Asie de l'Est
25 000 – 86 000

Caraïbes
24 000 – 61 000

Afrique du Nord et Moyen-Orient
12 000 – 72 000

Asie du Sud et du Sud-Est
300 000 – 750 000

Amérique latine
73 000 – 120 000

Afrique subsaharienne
2,1 – 2,6 millions

Océanie
< 1700

---

a) À l'aide d'un diagramme circulaire comprenant au plus cinq secteurs, fais ressortir la répartition des personnes atteintes du VIH/sida en 2004, selon leur région. Effectue les arrondissements pertinents pour simplifier autant que possible tes calculs.

b) En ciblant les mêmes régions qu'au point **a)**, construis un autre diagramme circulaire pour faire ressortir la répartition des décès dus au sida en 2004. Pour simplifier tes calculs, fais les arrondissements pertinents.

c) Quelle conclusion peux-tu tirer des deux diagrammes circulaires que tu as construits?

Au Québec, l'électricité est produite
loin des centres de consommation,
d'où la nécessité d'utiliser
des pylônes. Ces grandes structures
d'acier supportent les câbles
électriques qui transportent l'électricité.

Le pylône
électrique

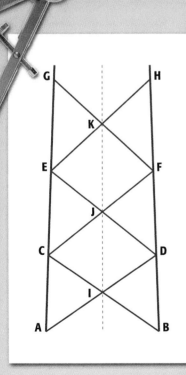

Voici une représentation de l'une des faces d'un pylône. Dans
cette représentation, tous les segments reliant les côtés **AG** et **BH**
sont isométriques. Ils se croisent sur l'axe de symétrie de la figure
aux points **I, J** et **K.** Comme le montre l'illustration, les côtés **AG** et **BH**
ne sont pas parallèles.

a) Pour que la structure soit bien solide, on fixe les tiges d'acier
(**AD, BC, CF, DE,** etc.) avec des boulons. Dans la représentation
ci-contre, les points **A, B, C, D, E, F, G, H, I, J** et **K** représentent
ces boulons.

1) Imagine que 50 tiges isométriques relient les côtés **AG** et **BH.**
Combien de boulons seraient alors nécessaires ? Laisse
les traces de ton raisonnement.

2) Combien de boulons faut-il dans le cas de *n* tiges ?

b) Sachant que l'angle **BCF** mesure 80°, peut-on affirmer
que le quadrilatère **CIDJ** est un losange ? Justifie ta réponse
à l'aide de propriétés géométriques.

En 1973, le mathématicien anglais Roger Penrose a découvert qu'il est possible, avec seulement deux polygones, de réaliser un dallage assez particulier. Ce dallage n'est invariant par aucune translation! Comme tous les dallages, il peut se poursuivre à l'infini de tous les côtés, mais la disposition des polygones n'est jamais tout à fait exactement pareille.

Un dallage bien spécial

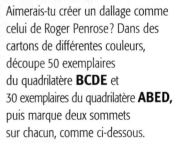

Roger Penrose (1931-)

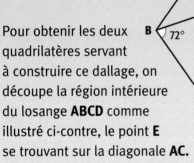

Pour obtenir les deux quadrilatères servant à construire ce dallage, on découpe la région intérieure du losange **ABCD** comme illustré ci-contre, le point **E** se trouvant sur la diagonale **AC.** Observe attentivement cette figure.

Aimerais-tu créer un dallage comme celui de Roger Penrose? Dans des cartons de différentes couleurs, découpe 50 exemplaires du quadrilatère **BCDE** et 30 exemplaires du quadrilatère **ABED,** puis marque deux sommets sur chacun, comme ci-dessous.

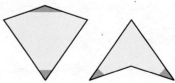

(a) À l'aide de propriétés géométriques, déduis la mesure des angles suivants. Justifie tes réponses.

1) L'angle aigu **ABE.**   2) L'angle obtus **BED.**

(b) Les côtés du losange mesurent 34 mm chacun et ses diagonales mesurent respectivement 40 mm et 55 mm. À l'aide de ces données, détermine l'aire des polygones **ABED** et **BCDE.** Explique chaque étape de ta solution.

Agence ensuite les polygones de telle sorte que les sommets marqués ne touchent qu'à des sommets marqués.

Objectif du Canada

Les émissions annuelles de gaz à effet de serre au pays doivent être réduites à un niveau équivalant à 36,5 millions de tonnes de moins que le niveau des émissions de 1990.

*En ratifiant le **protocole de Kyoto**, le Canada s'est engagé à atteindre entre 2008 et 2012 l'objectif précisé ci-contre.*

Notre engagement collectif

En 2002, cinq ans après la conférence, le Canada était encore loin de son objectif. En effet, depuis 1990, les émissions de gaz à effet de serre (GES) ont bien plus souvent augmenté que diminué, au pays.

Examine le tableau ci-dessous.

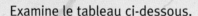

ANNÉE	1991	1992	1993	1994	1995	1996	1997	1998	1999	2000	2001	2002
Variation des émissions de GES (en millions de tonnes)	−6	+15	+6	+36	+16	0	+7	+18	+4	+20	−9	+15

Source : Environnement Canada

Ce tableau indique, par exemple, qu'en 1991 les émissions de GES avaient diminué de 6 millions de tonnes par rapport à l'année précédente, mais que l'année suivante, soit en 1992, elles ont augmenté de 15 millions de tonnes.

(a) Quelle a été la variation annuelle moyenne des émissions de GES au Canada entre 1990 et 2002 ?

(b) Selon ces données, quelle devrait être la diminution annuelle moyenne des émissions de GES à partir de 2002 pour que le Canada atteigne son objectif

   1) en 2008 ?   **2)** en 2012 ?

En 1997, à une conférence internationale tenue à Kyoto, au Japon, de nombreux pays se sont entendus pour diminuer les émissions de gaz à effet de serre dans le monde. Cette entente est connue sous le nom de **protocole de Kyoto**.

Tu sais sûrement qu'il est possible, en mer, de se repérer grâce aux étoiles. Celles-ci permettent en effet de déterminer la latitude de l'endroit où l'on se trouve sur la Terre, c'est-à-dire la distance, au nord ou au sud, par rapport à l'équateur. Par contre, elles ne sont d'aucune utilité pour déterminer la longitude. C'est seulement à la fin du 18ᵉ siècle qu'on a conçu des instruments de mesure suffisamment précis et fiables pour résoudre le problème de la longitude.

Le sextant permet de mesurer la hauteur des astres par rapport à l'horizon. Il est utile pour déterminer à quelle latitude on se trouve.

PERDRE
sa bonne étoile

Partons à l'aventure... Imagine qu'au cours d'une tempête dans l'océan Pacifique ton bateau s'échoue sur une île déserte. Tu sais que tu te trouves à peu près à la hauteur de l'équateur, mais tu n'as aucune idée de la distance qui te sépare de la côte de l'Amérique du Sud. Heureusement, ta montre fonctionne encore. Cependant, elle indique l'heure de ton point de départ, soit le Québec !

Lorsque tu déduis qu'il est midi sur ton île, ta montre indique 16 h 20. Sachant que le rayon de la Terre est de 6378 km, détermine à environ combien de kilomètres de la côte de l'Amérique du Sud tu te trouves. Laisse les traces de ta démarche.

Le fuseau horaire du Québec est le même que celui de l'Équateur, pays de l'Amérique du Sud !

Le kin-ball

Pour jouer au sport de gymnase appelé le kin-ball, il faut un gros ballon et trois équipes de quatre personnes.

But du jeu

Chaque équipe doit attraper le gros ballon avant qu'il ne touche le sol lorsque c'est à son tour de subir l'attaque.

La surface de jeu

Le terrain de jeu est une surface carrée de 18 m sur 18 m.

Voici comment les membres de l'équipe des Bleus se sont positionnés sur la surface de jeu.

```
A •
              B •

   C •
              D •
```

 a L'équipe a confié à la personne la plus habile à ce jeu la responsabilité de couvrir la plus grande portion du terrain de jeu. Qui est ce joueur ou cette joueuse ? Sur la feuille qu'on te remet, laisse les traces de ton raisonnement.

b Combien de mètres carrés cette personne couvre-t-elle ? Laisse les traces de tes calculs.

L'énigme du jeu d'ÉCHECS

L'origine du jeu d'échecs se perd dans la nuit des temps. Selon une légende, un sage indien aurait inventé ce jeu pour distraire un prince. Celui-ci ayant trouvé le jeu passionnant, il déclara : «Demande-moi ce que tu veux, je te le donnerai.» Le sage répondit : «Je veux tous les grains de blé qu'on obtiendrait si l'on en plaçait un sur la première case de l'échiquier, deux sur la deuxième case, quatre sur la troisième, et ainsi de suite jusqu'à la dernière case, c'est-à-dire en doublant chaque fois le nombre de grains.» Surpris par une demande si modeste, le prince accepta. Mal lui en prit...

a) Trace une grille de huit cases sur huit pour représenter un échiquier. Dans les cases des deux premières rangées, écris le nombre de grains qu'il faudrait y déposer pour répondre à la demande du sage.

b) Combien de grains y aurait-il

1) dans la première rangée ?

2) dans les deux premières rangées ?

c) Pour exaucer le souhait du sage, il aurait fallu lui remettre un nombre de grains de blé égal à $2^{64} - 1$. Sachant que multiplier 10 fois par 2 équivaut approximativement à multiplier par 1000, estime l'ordre de grandeur de ce nombre en puissance de 10.

d) Selon toi, le nombre de grains que le prince devait remettre au sage correspond-il à un nombre premier ? Justifie ta réponse.

Aujourd'hui, la production mondiale de blé est d'environ 800 millions de tonnes par année. En supposant qu'un grain de blé pèse 0,1 g, combien de tonnes de blé le sage a-t-il demandées?

Le tunnel de l'île de Samos

La civilisation de la Grèce antique a réalisé des choses étonnantes, comme le tunnel de l'île de Samos. Six cents ans avant notre ère, l'ingénieur Eupalinos dirigea les travaux d'un projet colossal : creuser un tunnel d'environ un kilomètre de long (1036 m) à travers une montagne afin d'alimenter en eau la capitale de l'île de Samos.

Selon le plan élaboré, deux équipes, chacune commençant à creuser à une extrémité du tunnel, devaient se rejoindre en plein centre de la montagne ! Comment a-t-on réussi à exécuter un tel projet ?

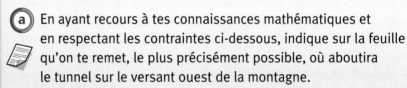

Le bout du tunnel

L'illustration ci-contre représente, vue de haut, une montagne où l'on souhaite creuser un tunnel. Le point noir indique l'endroit où commenceront les travaux. Quant au point orangé, il situe un repère, toujours visible, qui permettra à l'équipe de creusage de conserver la direction du tunnel.

a) En ayant recours à tes connaissances mathématiques et en respectant les contraintes ci-dessous, indique sur la feuille qu'on te remet, le plus précisément possible, où aboutira le tunnel sur le versant ouest de la montagne.

Contraintes

- Sers-toi uniquement d'un rapporteur d'angles et d'une règle graduée.
- Tu ne peux pas placer ta règle ni tracer de ligne au-dessus de la montagne.

b) Après avoir validé ta réponse, explique ta démarche par écrit. Décris notamment les propriétés géométriques ayant justifié les divers choix que tu as effectués.

Concepts et processus

Pour compléter la résolution des situations-problèmes des dossiers de la Partie **4**, tu dois comprendre certains concepts et processus. Tu découvriras ces derniers en réalisant les séquences d'activités ci-dessous. Par sa couleur, chaque séquence est associée à un seul dossier.

DOSSIER
Jeux et stratégies

DOSSIER
Comment ont-ils fait ?

ZOOM SUR l'arithmétique et l'algèbre

Une page d'histoire

Sophie Germain, p. 376

Les diviseurs et les nombres premiers

Caractères de divisibilité et nombres premiers, p. 377 à 383

Les situations de proportionnalité

Reconnaître une situation de proportionnalité et déduire une valeur, p. 384 à 389

ZOOM SUR la probabilité et la statistique

Une page d'histoire

Blaise Pascal, p. 390

La probabilité d'un événement

Probabilité d'un événement et calcul des probabilités p. 391 à 395

Le dénombrement

Diagramme en arbre et principe multiplicatif, p. 396 à 401

ZOOM SUR la géométrie

Une page d'histoire

Thalès de Milet, p. 402

Quelques propriétés des angles

Angles opposés par le sommet, angles alternes-internes, alternes-externes, correspondants, p. 403 à 410

Une page d'histoire

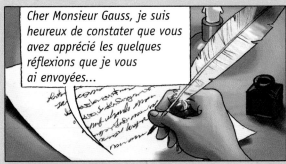

> Cher Monsieur Gauss, je suis heureux de constater que vous avez apprécié les quelques réflexions que je vous ai envoyées...

> ...concernant vos problèmes d'arithmétique. Vous aurez de nouveau, je l'espère, la grande gentillesse d'examiner d'autres découvertes que j'ai faites à propos de certains nombres premiers.

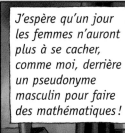

> Soyez assuré de ma très grande reconnaissance. Monsieur Le Blanc

> J'espère qu'un jour les femmes n'auront plus à se cacher, comme moi, derrière un pseudonyme masculin pour faire des mathématiques !

Sophie Germain (1776-1831)

À la fin du 18ᵉ siècle, en France, il était impossible pour une femme d'étudier les mathématiques, car c'était un domaine réservé aux hommes. Sophie Germain s'est ainsi vu refuser l'entrée des grandes écoles uniquement parce qu'elle était une femme. C'est donc en étudiant seule les œuvres des mathématiciens (comme Carl Friedrich Gauss) qu'elle a développé ses connaissances jusqu'à devenir elle-même une mathématicienne de grand talent. Pendant des années, sous le pseudonyme de M. Le Blanc, elle a correspondu avec plusieurs mathématiciens pour partager ses découvertes. Entre autres choses, Sophie Germain a étudié les propriétés de certains nombres premiers, aujourd'hui appelés «nombres premiers de Sophie Germain». Il s'agit de nombres premiers ayant la particularité suivante : si l'on double le nombre et qu'on y ajoute 1, on obtient un autre nombre premier.

Exemple : 2, 3 et 5 sont des nombres premiers de Sophie Germain, mais pas 7. Qu'en est-il de 11 et de 13 ?

Les diviseurs et les nombres premiers

Activité 1 **Des chiffres et des nombres**

 Sur la feuille qu'on te remet figure un chiffre de 0 à 9.

a) Fais équipe avec des camarades pour former avec les différents chiffres un nombre divisible par 3.

b) Avec les mêmes chiffres, pouvez-vous former un nombre divisible par 4 ? Si ce n'est pas possible, échangez un seul de vos chiffres contre un chiffre d'une autre équipe pour que cela devienne possible.

c) Le nombre que vous avez formé en **b)** est-il divisible par 12 ? Justifiez votre réponse.

d) En vous regroupant en équipes de cinq ou six, formez le plus grand nombre possible qui est divisible par 12.

 Je vérifie mes connaissances

1. Comment pourrais-tu vérifier rapidement si un nombre est divisible par 15 sans effectuer la division ?

2. Les nombres ci-dessous sont-ils divisibles par 15 ? Justifie ta réponse.

a) 2415 **b)** 3140 **c)** 4551 **d)** 12 145 **e)** 123 450

❯ Corrigé, p. 446

Activité 2

À la recherche des nombres premiers

Vers l'an 200 av. J.-C., le mathématicien grec Ératosthène a découvert une méthode pour déterminer tous les nombres premiers inférieurs à un certain nombre. Cette méthode est connue sous le nom de « crible d'Ératosthène ».

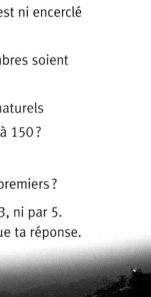

Un **nombre premier** est un nombre ayant seulement deux diviseurs : 1 et lui-même. Un nombre ayant plus de deux diviseurs est appelé un **nombre composé**. *Exemple* : Il y a quatre nombres premiers inférieurs à 10. Ce sont les nombres 2, 3, 5 et 7. Les nombres composés sont 4, 6, 8 et 9. Le nombre 1 n'est ni premier ni composé, car il n'a qu'un seul diviseur.

 Sur la feuille qu'on te remet se trouve la liste des nombres naturels de 2 à 150. Détermine tous les nombres premiers qu'elle contient en utilisant le crible d'Ératosthène. Procède de la façon décrite ci-dessous.

1) Encercle le premier nombre de la liste.

2) Raye tous les multiples du nombre que tu viens d'encercler.

3) Encercle ensuite le premier nombre de la liste qui n'est ni encerclé ni rayé.

4) Répète les étapes 2 et 3 jusqu'à ce que tous les nombres soient encerclés ou rayés.

a) Combien y a-t-il de nombres premiers parmi les nombres naturels

1) de 1 à 30 ?   3) de 61 à 90 ?   5) de 121 à 150 ?

2) de 31 à 60 ?   4) de 91 à 120 ?

b) Que remarques-tu concernant la répartition des nombres premiers ?

c) Les nombres 151 et 161 ne sont divisibles ni par 2, ni par 3, ni par 5. Est-ce suffisant pour affirmer qu'ils sont premiers ? Explique ta réponse.

Je vérifie mes connaissances

Parmi les nombres naturels supérieurs à 200, quel est le plus petit nombre premier ? Justifie ta réponse.

> Corrigé, p. 446

Mes outils

Les diviseurs et les nombres premiers

Caractères de divisibilité

Dans certains cas, il est possible de vérifier rapidement si un nombre naturel est divisible par un autre nombre en ayant recours aux caractères de divisibilité. Voici quelques possibilités :

1) CARACTÈRES BASÉS SUR L'OBSERVATION DE CERTAINS CHIFFRES

UN NOMBRE NATUREL EST DIVISIBLE PAR	
2	si le chiffre des unités est divisible par 2 ;
4	si les deux derniers chiffres forment un nombre divisible par 4 ;
8	si les trois derniers chiffres forment un nombre divisible par 8 ;
5	si le chiffre des unités est divisible par 5.

2) CARACTÈRES BASÉS SUR LA SOMME DES CHIFFRES

UN NOMBRE NATUREL EST DIVISIBLE PAR	
3	si la somme de ses chiffres est divisible par 3 ;
9	si la somme de ses chiffres est divisible par 9.

3) CARACTÈRES COMBINÉS

UN NOMBRE NATUREL EST DIVISIBLE PAR	
6	si le nombre est divisible par 2 et par 3 ;
12	si le nombre est divisible par 3 et par 4.

Exemple :

Le nombre 32 544 est-il divisible par 12 ?

Il est divisible par 3, car 3 + 2 + 5 + 4 + 4 = 18 et 18 est divisible par 3.

Il est divisible par 4, car les deux derniers chiffres forment un nombre (44) divisible par 4.

Le nombre 32 544 est donc divisible par 12.

Nombres premiers

Les nombres premiers sont des nombres naturels divisibles uniquement par 1 et par eux-mêmes.
Exemples : 23 est un nombre premier, car il est divisible seulement par 1 et par 23.

25 n'est pas un nombre premier, car il est divisible par 1, 5 et 25.

Situations d'application

1 Dans une boîte, Annie a 7,65 $ en pièces de monnaie.

a) Est-il possible qu'elle ait seulement des pièces de 25 ¢ ?
Justifie ta réponse.

b) La boîte peut-elle contenir seulement des pièces de 5 ¢ et de 10 ¢,
en quantité égale ? Justifie ta réponse.

2 À un certain moment, entre 10 h et 11 h,
Magalie regarde sa montre numérique. Elle
remarque que les chiffres indiquant l'heure
et les minutes forment un nombre de quatre
chiffres qui est divisible par 8. Une minute
plus tard, les chiffres de sa montre
forment un nombre divisible par 9.

Dans combien de temps les chiffres
formeront-ils un nombre divisible par 10 ?

3 Le nombre 23 est un nombre premier. En inversant les chiffres,
on obtient 32, un nombre divisible par 4.

a) Trouve deux autres nombres premiers ayant cette propriété.

b) Existe-t-il un nombre premier ayant la propriété de donner, si l'on
inverse les chiffres, un nombre divisible par 5 ? Si oui, donne
un exemple. Sinon, explique pourquoi un tel nombre n'existe pas.

c) Existe-t-il un nombre premier ayant la propriété de donner, si
l'on inverse les chiffres, un nombre divisible par 6 ? Si oui, donne
un exemple. Sinon, explique pourquoi un tel nombre n'existe pas.

4 Une école secondaire compte 1836 élèves, dont 756 sont répartis dans les deux années du 1ᵉʳ cycle. Quelle fraction de la clientèle de l'école le 1ᵉʳ cycle représente-t-il ? Exprime ta réponse sous la forme d'une fraction réduite.

5 Tous les nombres naturels supérieurs à 1 sont décomposables en un produit de nombres premiers. De plus, cette décomposition est unique pour chaque nombre si l'on ne tient pas compte de l'ordre des facteurs.

Exemple : $360 = 2 \times 2 \times 2 \times 3 \times 3 \times 5$ ou $2^3 \times 3^2 \times 5$.

En utilisant la notation exponentielle, au besoin, décompose les nombres suivants en un produit de nombres premiers.

a) 126 **b)** 162 **c)** 960 **d)** 1764 **e)** 3861

6 Pour effectuer une addition comme $\frac{1}{126} + \frac{1}{162}$, il faut d'abord déterminer un dénominateur commun des deux fractions. Ce dénominateur est un multiple de 126 et de 162. Pour faciliter le calcul, il est préférable de choisir le plus petit multiple possible.

a) À l'aide des décompositions en facteurs premiers que tu as effectuées au numéro **5,** détermine le plus petit commun multiple de 126 et de 162. Explique comment tu as procédé.

b) Détermine la somme des deux fractions. Écris ta réponse sous la forme d'une fraction réduite.

7 En choisissant un certain nombre de cartes parmi celles qui sont illustrées ci-contre, compose le plus grand nombre possible qui est

a) divisible par 3, sans être divisible par 6 ;

b) divisible par 6, sans être divisible par 9 ;

c) divisible par 9, sans être divisible par 12 ;

d) divisible par 12, sans être divisible par 15.

8 Le matériel multibase peut aider à comprendre les caractères de divisibilité. Examinons le cas de la divisibilité par 11.

Il n'est pas possible de partager en 11 parts équivalentes les cubes-unités contenus dans chacune des pièces ci-dessous. Selon le cas, ou il manque un cube-unité ou il y en a un de trop.

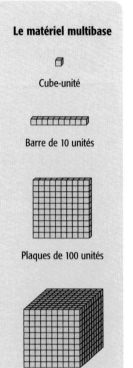

Le matériel multibase

Cube-unité

Barre de 10 unités

Plaques de 100 unités

Gros cube de 1000 unités

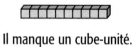

Il manque un cube-unité.

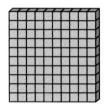

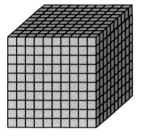

> *En effectuant le calcul, vérifie que le nombre 1001 est bien divisible par 11. Tu comprendras alors pourquoi il manque un cube-unité ici.*

Il manque un cube-unité.

Il y a un cube-unité de trop.

a) Voici une représentation du nombre 2354.

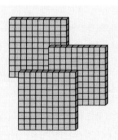

Pour chaque type de pièces, indique le nombre minimal de cubes-unités qu'il manque ou qu'il y a en trop pour qu'on puisse les partager en 11 parts équivalentes.

b) En te servant seulement de tes réponses en **a)**, détermine si le nombre 2354 est divisible ou non par 11. Explique comment tu as procédé.

c) Énonce une règle permettant de vérifier si un nombre est divisible par 11.

d) Les nombres ci-dessous sont-ils divisibles par 11 ? Justifie tes réponses.

1) 4059   **2)** 6193   **3)** 7812   **4)** 13 771   **5)** 45 793

9 Le jeu du nombre à la chaîne se joue à deux, ou plus. Lis les règles, puis joue quelques parties avec des camarades pour te familiariser avec ce jeu. Réponds ensuite aux questions ci-dessous.

a) Dans chacune des situations présentées, c'est à ton tour de jouer. Quel chiffre peux-tu ajouter ?

1) 4 6 5

2) 5 2 2 0 5

3) 1 2 3 2 0 4 2 4

b) Forme un nombre qui pourrait être le résultat d'une partie. Essaie de trouver le plus grand nombre possible.

Le nombre à la chaîne

Règles du jeu

1. Une personne écrit sur une feuille un chiffre de 1 à 9.

2. À tour de rôle, les autres personnes ajoutent un chiffre de 0 à 9 à la droite du chiffre déjà noté. Chaque fois, le nombre créé doit être divisible par le nombre de chiffres qu'il contient.

   Exemple : La deuxième personne ajoute un deuxième chiffre de manière à former un nombre divisible par 2. La personne suivante doit choisir un troisième chiffre qui formera un nombre divisible par 3, et ainsi de suite.

3. Quand quelqu'un se trompe ou est incapable d'ajouter un chiffre, il est éliminé. La personne suivante joue à sa place.

4. La dernière personne qui réussit à ajouter un chiffre approprié gagne la partie.

10 Maxime propose une énigme à son ami Yannick. Peux-tu résoudre l'énigme de Maxime ?

Je pense à un nombre qui n'est pas un nombre premier. Lorsque je le divise par 4, il reste 3. Lorsque je le divise par 5, il reste 4. Lorsque je le divise par 6, il reste 5. Quel est ce nombre ?

Les situations de proportionnalité

Activité 1 Saurais-tu me reconnaître ?

a) Réponds aux questions des situations ci-dessous. Laisse les traces de tes démarches. Si tu ne peux pas répondre, explique pourquoi.

Situation 1

On remplit le contenant vide illustré ci-contre avec un débit d'eau régulier. Après 6 secondes, le niveau d'eau atteint 10 cm. Quel niveau l'eau atteindra-t-elle après 18 secondes ? À quel niveau se situait-elle après 3 secondes de remplissage ?

Situation 2

Dans un triangle rectangle isocèle, la mesure de chacun des côtés formant l'angle droit est de 3 cm. L'aire de ce triangle est de 4,5 cm². Quelle est l'aire d'un tel triangle dont les côtés formant l'angle droit mesurent chacun 12 cm ? Et s'ils mesuraient chacun 1 cm ?

Situation 3

Un athlète court le 200 m en 25 secondes. En combien de temps courra-t-il le 800 m ? Et le 100 m ?

Situation 4

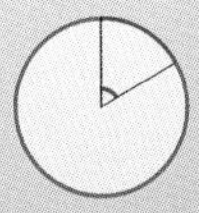

Sur un cercle, un arc a une longueur de 5 cm. Cet arc est compris entre deux rayons formant un angle au centre de 60°. Quelle serait la longueur d'un arc compris entre deux rayons formant un angle au centre de 12° ? Et si l'angle au centre était de 120° ?

Situation 5

Le côté d'un carré mesure 7 cm et son périmètre est de 28 cm. Quel est le périmètre d'un carré mesurant 14 cm de côté ? Et celui d'un carré mesurant 3,5 cm de côté ?

Situation 6

Dans un congélateur, l'eau dans un contenant à glaçons met une heure à geler. En combien de temps l'eau dans quatre de ces contenants gèlerait-elle dans le même congélateur ? Et l'eau d'un contenant à demi plein ?

b) Avec un ou une camarade, précise, parmi les six situations ci-dessus, lesquelles sont des situations de proportionnalité. Justifiez vos choix.

Je vérifie mes connaissances

Indique si les quantités décrites ci-dessous sont proportionnelles. Explique tes réponses.

a) Le nombre de litres d'essence et le coût d'un achat d'essence.

b) L'âge d'une personne et sa masse.

c) Le nombre de caractères imprimés par une imprimante et le temps d'impression.

Dans une situation de proportionnalité, il existe un lien particulier entre deux quantités. Si l'on multiplie (ou divise) l'une de ces quantités par un nombre donné, l'autre sera multipliée (ou divisée) par ce même nombre. On dit alors de ces quantités qu'elles sont proportionnelles.

> Corrigé, p. 446

Activité 2 Jamais trois sans quatre...

a) Dans une situation de proportionnalité, si l'on connaît trois valeurs, il est possible d'en calculer une quatrième. Par exemple, tu peux répondre à la question liée à la situation ci-dessous en utilisant les trois valeurs données.

> Une roue se déplace sur une distance de 60 mètres en effectuant 24 tours. Combien de mètres aura-t-elle parcourus après avoir effectué 48 tours ?

1) Explique comment tu procéderais.

2) Imagine que la question porte sur un nombre de tours différent. Explique comment tu t'y prendrais pour y répondre si ce nombre était plutôt :

   A 72 tours ;   **B** 12 tours ;   **C** 18 tours ;   **D** 32 tours.

b) Imagine maintenant une situation de proportionnalité comprenant les trois nombres suivants : 8, 12 et 30, c'est-à-dire une situation où ces nombres sont associés aux quantités impliquées.

- Décris ta situation sur une feuille de papier, puis procède à un échange avec un ou une camarade.

- Sur la feuille que tu reçois, réponds à la question posée en laissant les traces de ta démarche.

- Remets la feuille à ton ou ta camarade et, ensemble, vérifiez vos solutions.

 Je vérifie mes connaissances

Sur un plan, une longueur de 2 cm correspond à une longueur de 15 m dans la réalité.

a) À quelles longueurs les mesures ci-dessous, qui figurent sur le plan, correspondent-elles dans la réalité ?

   1) 6 cm   **2)** 1 cm   **3)** 15 cm   **4)** 0,6 m

b) À quelles longueurs sur le plan les mesures ci-dessous, qui proviennent de la réalité, correspondent-elles ?

   1) 60 m   **2)** 3 m   **3)** 25 m   **4)** 150 cm

> Corrigé, p. 446

Mes outils

Les situations de proportionnalité

Dans une **situation de proportionnalité,** il existe un lien particulier entre deux quantités. Si l'on multiplie (ou divise) l'une de ces quantités par un nombre donné, l'autre sera multipliée (ou divisée) par ce même nombre. On dit alors de ces quantités qu'elles sont **proportionnelles.**

Ainsi, dans une situation de proportionnalité, en utilisant une multiplication ou une division, on peut trouver une valeur recherchée.

Exemple : Pour 5 heures de travail, quelqu'un gagne 60 $. Combien cette personne recevra-t-elle pour 15 heures de travail ?

Puisque le salaire et le temps de travail sont proportionnels, on peut procéder ainsi :

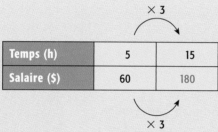

Temps (h)	5	15
Salaire ($)	60	180

Pour 15 heures de travail, cette personne recevra 180 $.

Situations d'application

1 Frédéric travaille comme aide-cuisinier pour un traiteur. Pour réaliser une recette de crème caramel, il doit déterminer la quantité de sucre à utiliser pour servir 85 personnes. La recette précise que pour cinq personnes il faut 200 g de sucre. Combien de kilogrammes de sucre devra-t-il utiliser ?

2 Laure informe son voisin qu'elle a payé 56 $ pour faire remplir son réservoir de mazout, d'une capacité de 80 litres. Pour remplir son réservoir, le voisin a besoin de 120 litres. S'il achète le mazout de la même compagnie que Laure, combien payera-t-il ?

3 Dans le cas de chacune des situations ci-dessous, détermine si c'est
une situation de proportionnalité. Si tel est le cas, réponds aux questions
qui l'accompagnent. Sinon, explique pourquoi il ne s'agit pas d'une situation
de proportionnalité.

a) En empilant 100 feuilles de papier,
on obtient un paquet d'une épaisseur
de 1 cm. Quelle serait l'épaisseur
d'un paquet contenant 500 de ces feuilles ?
Et quelle est l'épaisseur d'une des feuilles ?

b) La circonférence d'un cercle de 2,5 cm
de rayon est d'environ 15,7 cm. Quelle est
la circonférence d'un cercle dont le rayon
mesure 5 cm ? Et la circonférence d'un cercle
de 0,5 cm de rayon ?

c) En lançant 10 fois un dé régulier, on
a obtenu 4 fois le résultat 6. Combien
de fois obtiendra-t-on 6
en lançant 20 fois le dé ?
Et en le lançant 5 fois ?

d) On remplit le vase
illustré ci-contre avec
un débit d'eau régulier.
Après 4 secondes,
le niveau d'eau atteint
12 cm. Quel niveau
l'eau atteindra-t-elle
après 8 secondes ? À quel niveau
se situait-elle après 2 secondes
de remplissage ?

e) Le côté d'un carré mesure 4 cm et son aire
est de 16 cm². Quelle est l'aire d'un carré
mesurant 8 cm de côté ? Et celle d'un carré
de 1 cm de côté ?

f) Un arbre de 16 m de haut projette
une ombre mesurant 12 m. Quelle est
la longueur de l'ombre d'une personne
de 1,60 m se tenant debout à côté
de cet arbre ? Et celle de l'ombre
d'un immeuble de 24 m ?

4 L'eau d'un robinet qui fuit s'échappe
en un débit régulier. Il s'écoule 15 ml d'eau
en une heure. Combien de litres d'eau sont
ainsi perdus en une semaine ? Avec la perte
occasionnée en un an, pourrait-on remplir
une baignoire contenant 120 litres d'eau ?
Explique ta réponse à l'aide de calculs.

5 Passionné d'archéologie, Pablo souhaite s'abonner à la revue mensuelle *Jeune archéologue*. L'abonnement peut porter sur des périodes de temps différentes. Voici une publicité qu'il a remarquée.

a) La durée de l'abonnement et le coût sont-ils liés par une situation de proportionnalité? Explique ta réponse à l'aide de calculs.

b) En kiosque, la revue coûte 6,75 $. Pour chacune des périodes de temps indiquées, quelle est l'économie réalisée en s'abonnant? Laisse les traces de ta démarche.

L'archéologie te passionne ?

Découvre les plus beaux sites de la Terre. Leur histoire, leurs découvreurs, leurs trésors, et plus encore...

Abonne-toi et économise sur le prix en kiosque!

DURÉE	COÛT ($)
1 an	68
2 ans	126
3 ans	194

6 Avec son compas, Béatrice trace un arc de cercle d'une longueur de 12 cm. Cet arc correspond à un angle au centre de 45°.

a) À quelle longueur Béatrice a-t-elle écarté les branches de son compas pour tracer cet arc?

b) Trace un arc identique à celui que Béatrice a tracé. Compare la longueur de ton arc avec celle de l'arc tracé par un ou une camarade.

De quelle façon as-tu procédé pour t'assurer que tes arcs mesurent bien 12 cm?

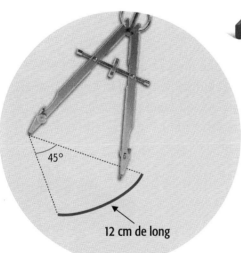
45°
12 cm de long

7 Dans son carnet de vaccination, Anna remarque que sa taille à différents âges est notée. En analysant ces données, elle conclut que la taille d'une personne et son âge sont proportionnels. Es-tu d'accord avec Anna? Explique ton raisonnement.

Croissance (observations du médecin)

Date	Âge	Taille
95-10-13	12 mois	48 cm
96-04-22	18 mois	72 cm
97-04-30	30 mois	120 cm

8 Tu as sûrement remarqué que le papier hygiénique se vend en paquets de différents formats. Voici quelques formats offerts dans un supermarché et le prix de chacun.

7,19 $ — 24 rouleaux

3,89 $ — 12 rouleaux

a) Dans ce supermarché, le prix d'un paquet de papier hygiénique et le nombre de rouleaux sont-ils proportionnels ? Explique ta réponse à l'aide de calculs.

2,79 $ — 8 rouleaux

b) S'il ne s'agit pas d'une situation de proportionnalité, quel devrait être le prix des deux plus grands formats considérant celui du plus petit pour que le nombre de rouleaux par paquet et le prix soient proportionnels ?

9 Depuis le début de l'exploration de l'espace, des débris de diverses grosseurs gravitent autour de la Terre. On estime leur nombre à 35 millions. Le principal danger lié à ces objets réside dans la vitesse qu'ils peuvent atteindre. Par exemple, certains débris peuvent parcourir 864 000 km en 24 heures.

Savais-tu que la Station spatiale internationale a été menacée à plusieurs reprises par des débris en orbite ? Comme dans de nombreux cas de pollution, le phénomène de la pollution spatiale est principalement occasionné par de la négligence.

a) Quelle vitesse, en km/h, ces objets atteignent-ils ?

b) Quelle distance franchissent-ils en une seconde ?

10 Un objet de 200 g tombant en chute libre d'une hauteur de 5 m met environ une seconde pour atteindre le sol.

a) Quelle est la vitesse moyenne de sa chute ?

b) Si un objet de 400 g tombait de la même hauteur, combien de temps mettrait-il pour toucher le sol ? Quelle serait la vitesse moyenne de sa chute ?

c) La vitesse moyenne de chute et la masse d'un objet sont-elles proportionnelles ?

Une page d'histoire

Blaise Pascal (1623-1662)

Mathématicien et écrivain français, Blaise Pascal est considéré comme l'un des fondateurs de la théorie des probabilités. C'est pour répondre à une question de son ami le chevalier de Méré, joueur invétéré et grand amateur de dés, que Blaise Pascal a un jour commencé à étudier les problèmes liés aux jeux de hasard.

Blaise Pascal a fait de nombreuses autres découvertes durant sa vie. Par exemple, il a étudié les propriétés du triangle arithmétique, qu'on appellera plus tard le « triangle de Pascal ». Blaise Pascal est également l'inventeur d'une machine à calculer, la pascaline, l'ancêtre de nos calculatrices.

Le triangle de Pascal

```
          1
        1   1
      1   2   1
    1   3   3   1
  1   4   6   4   1
1   5  10  10   5   1
```

Pourrais-tu écrire la prochaine ligne ?

La probabilité d'un événement

Activité 1   **Faire le bon choix**

Dans un jeu, Vanaelle a besoin d'un résultat de 5 pour gagner. Pour l'obtenir, elle a le choix entre lancer un dé, faire tourner une roue ou tirer une carte d'un paquet ordinaire de 52 cartes.

Une seule face du dé vaut 5 et deux secteurs de la roue valent 5, alors qu'il y a quatre 5 dans le paquet de cartes ! Mes chances sont donc meilleures si je tire une carte.

a) Que penses-tu du raisonnement de Vanaelle ? Es-tu d'accord avec elle ? Explique ton point de vue à un ou une camarade.

b) Ensemble, déterminez la meilleure stratégie à adopter pour gagner : faut-il lancer le dé, faire tourner la roue ou tirer une carte du paquet ? Comment pourriez-vous convaincre une autre personne que vous avez raison ?

Je vérifie mes connaissances

Pour gagner un prix, il faut choisir l'une des urnes ci-contre, puis, sans regarder, tirer une bille blanche.

a) Quel contenant est-il préférable de choisir ? Justifie ta réponse.

b) La réponse en **a)** serait-elle la même si pour gagner il fallait tirer une bille rouge ? Justifie ta réponse.

❯ Corrigé, p. 446

Activité **2**   **Deux dés et une grille**

Samuel s'amuse à lancer deux dés. Il obtient des résultats différents chaque fois.

1er lancer

2e lancer

3e lancer

Dans une expérience aléatoire,
un événement correspond à un ensemble de résultats possibles.

a) Évidemment, il existe d'autres résultats possibles. Combien y en a-t-il ? Ces résultats sont-ils tous également probables ? Explique tes réponses.

b) À l'aide de la grille qu'on te remet, détermine à quelle fraction de tous les résultats correspond l'événement suivant : obtenir au moins un dé affichant le nombre 6.

c) Imagine que des personnes répètent un grand nombre de fois l'expérience de lancer deux dés. Selon toi, dans quel pourcentage de tous les essais y aura-t-il au moins un dé affichant le nombre 6 ? Fais la meilleure prédiction possible.

d) Réalise cette expérience avec la classe. Ensemble, déterminez d'abord le nombre d'essais à effectuer, puis répartissez-les entre vous. Compilez les résultats obtenus et comparez-les avec vos prédictions en **c)**.

Je vérifie mes connaissances

a) On lance deux dés comme dans l'activité ci-dessus. À l'aide de la grille qu'on te remet, détermine à quelle fraction de tous les résultats possibles correspond chacun des événements suivants.

1) La somme des dés est égale à 8.

2) La valeur de l'un des dés est le double de l'autre.

3) Les deux dés affichent le même nombre.

4) Les deux dés affichent un nombre impair.

b) Classe ces quatre événements du moins probable au plus probable.

❭ Corrigé, p. 446

Mes outils

La probabilité d'un événement

La probabilité d'un événement est une valeur indiquant la possibilité, plus ou moins grande, que l'événement se produise. Elle peut s'exprimer à l'aide d'une fraction. Cette fraction permet de prévoir, en théorie, combien de fois approximativement l'événement se produira si l'on répète l'expérience un très grand nombre de fois.

Exemple 1 : Les six faces que peut afficher un dé ordinaire sont toutes également probables. Si on lance un dé plusieurs fois, on peut prévoir que chaque face apparaîtra environ une fois sur six. On dit que la probabilité d'obtenir le nombre 4 est de $\frac{1}{6}$. En théorie, si on lance le dé 600 fois, on devrait obtenir le nombre 4 approximativement 100 fois.

	2	3	4	5	6	7
	3	4	5	6	7	8
	4	5	6	7	8	9
	5	6	7	8	9	10
	6	7	8	9	10	11
	7	8	9	10	11	12

Exemple 2 : Lorsqu'on lance deux dés, il y a 36 résultats également probables. La probabilité d'obtenir la somme de 4 est donc de $\frac{3}{36}$ (ou $\frac{1}{12}$), comme le démontre la grille ci-contre. En théorie, sur 600 lancers, on obtiendra approximativement 50 fois la somme de 4.

Il est possible de comparer la probabilité d'événements issus de deux expériences aléatoires différentes en comparant les fractions qui leur sont associées. Par exemple, il est plus probable d'obtenir le nombre 4 en lançant un dé que d'obtenir la somme de 4 en lançant deux dés, car $\frac{1}{6} > \frac{1}{12}$.

Situations d'application

1 On tire au hasard une carte d'un paquet ordinaire de 52 cartes. Classe les événements ci-dessous du plus probable au moins probable. Justifie ta réponse.

a) Obtenir une figure.

c) Obtenir un 5 de couleur noire.

b) Obtenir un as.

d) Obtenir un carreau.

2 Quelle fraction peux-tu associer à la probabilité de chacun des événements ci-dessous ?

a) En lançant un dé, Joëlle obtient un nombre pair.

c) Joëlle lance deux pièces de monnaie qui, en tombant, affichent toutes les deux le côté face.

b) À l'aide d'un ordinateur, elle détermine au hasard un nombre de 1 à 100.

Le nombre obtenu est un multiple de 8.

d) Elle choisit au hasard un numéro de téléphone dans l'annuaire d'une grande ville et le numéro se termine par le chiffre 8.

3 **a)** Si l'on répétait 100 fois les expériences du numéro **2,** approximativement combien de fois chacun des événements décrits devrait-il se reproduire ?

b) Classe ces quatre événements du plus probable au moins probable.

4 Voici trois expériences aléatoires :

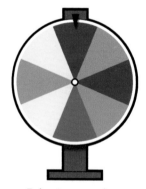

- Lancer le cube colorié dont le développement est donné ci-dessus.

- Tirer une bille du contenant.

- Faire tourner la roue.

Dans laquelle de ces expériences est-il plus probable d'obtenir la couleur

a) bleue ? **b)** jaune ? **c)** rouge ? **d)** verte ?

5 Un jeu consiste à tirer une bille de chacun des contenants illustrés ci-contre. Une personne gagne si les deux billes tirées sont de la même couleur, sinon elle perd.

a) Représente tous les résultats possibles à l'aide d'une grille.

b) Est-il plus probable de gagner ou de perdre ?

   Justifie ta réponse.

6 Dans le jeu La course des rêves, les pions des joueurs et des joueuses doivent aller un certain nombre de fois sur un même symbole, soit l'étoile, le cœur, la lune ou le soleil. Pour déplacer son pion, on utilise l'un des trois dés suivants : un dé à 12 faces numérotées de 1 à 12, un dé à 8 faces numérotées de 1 à 8 ou un dé ordinaire à 6 faces. Après avoir lancé le dé, on a le choix du sens du déplacement.

Tu as le pion jaune et c'est à ton tour de jouer.

Quel dé devrais-tu choisir si tu souhaites arrêter sur

a) un soleil ?   **c)** un cœur ?

b) une lune ?   **d)** une étoile ?

7 Une pièce de monnaie est pipée. Lorsqu'on la lance, la probabilité d'obtenir face est de $\frac{2}{3}$ au lieu de $\frac{1}{2}$ comme c'est le cas pour une pièce ordinaire.

a) Quelle est la probabilité d'obtenir pile avec cette pièce de monnaie ? Justifie ta réponse.

b) Si on lance cette pièce de monnaie à deux reprises, est-il plus probable d'obtenir une fois face ou deux fois face ?

As-tu pensé simuler cette expérience aléatoire pour vérifier ta réponse en **b)** ? Si oui, comment as-tu procédé ?

Le dénombrement

Tours en construction

Fais équipe avec un ou une camarade. On vous remettra, comme à toutes les autres équipes, une trentaine de cubes emboîtables de trois couleurs différentes.

1er temps

À l'aide de ces cubes, construisez autant de tours différentes que vous pouvez en respectant les contraintes suivantes :

- Chaque tour doit être formée de quatre cubes empilés ;

- Deux cubes de la même couleur ne doivent pas se toucher.

2e temps

À tour de rôle, chaque équipe dépose une de ses tours sur une table. Chaque fois, la tour ajoutée doit être différente de celles qui se trouvent déjà sur la table. Les équipes continuent ainsi jusqu'au moment où ce n'est plus possible d'ajouter une tour différente.

a) Combien de tours ont été déposées sur la table ?

b) Comment peut-on être sûr qu'il n'est pas possible d'ajouter d'autres tours ? Avec ton ou ta camarade, trouve une façon de convaincre une autre personne que c'est bien le cas.

Je vérifie mes connaissances

Parmi toutes les tours déposées sur la table, combien comprenaient des cubes de deux couleurs seulement ? Justifie ta réponse de façon à convaincre une personne qui n'a pas vu ces tours.

❯ Corrigé, p. 446

Activité 2 **Un peu plus haut**

Reprends la situation de l'activité **1,** mais en considérant cette fois des cubes de quatre couleurs et en cherchant à construire des tours de cinq cubes. La contrainte suivante s'applique toujours : deux cubes de la même couleur ne doivent pas se toucher.

a) Selon toi, combien de tours est-il possible de construire ? Fais une estimation.

b) Pour déterminer exactement le nombre de tours possibles, suis le raisonnement ci-dessous en répondant aux questions.

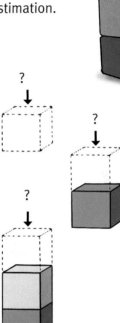

1. Lorsqu'on place le premier cube, combien de possibilités y a-t-il ?

2. Une fois le premier cube placé, combien de possibilités y a-t-il pour le deuxième ?

3. Au total, combien y a-t-il de façons de placer les deux premiers cubes ?

4. Une fois les deux premiers cubes placés, combien de possibilités y a-t-il pour le troisième ?

5. Au total, combien y a-t-il de façons de placer les trois premiers cubes ?

Complète le raisonnement jusqu'au cinquième cube.
Ton estimation en **a)** était-elle bonne ?

Je vérifie mes connaissances

Il y a six voyelles dans l'alphabet : A, E, I, O, U et Y. Combien de codes de trois voyelles peut-on écrire

a) si l'on peut répéter la même lettre sans aucune restriction ?

b) si toutes les lettres du code doivent être différentes ?

❯ Corrigé, p. 446

Mes outils

Le dénombrement

Pour dénombrer tous les cas possibles dans une situation, on peut avoir recours à une grille ou à un diagramme en arbre, ou dresser une liste ordonnée. Dans certaines situations comportant des régularités, on peut aussi utiliser le principe multiplicatif.

Exemple : Combien de nombres de trois chiffres peut-on former en utilisant seulement les quatre cartes ci-contre ?

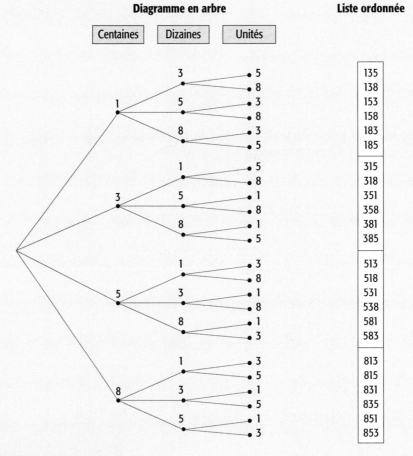

Diagramme en arbre

| Centaines | Dizaines | Unités |

Liste ordonnée

| 135 |
| 138 |
| 153 |
| 158 |
| 183 |
| 185 |

| 315 |
| 318 |
| 351 |
| 358 |
| 381 |
| 385 |

| 513 |
| 518 |
| 531 |
| 538 |
| 581 |
| 583 |

| 813 |
| 815 |
| 831 |
| 835 |
| 851 |
| 853 |

Principe multiplicatif

Pour le chiffre des centaines, il y a quatre possibilités. Une fois ce chiffre choisi, il reste trois possibilités pour le chiffre des dizaines. Une fois ce chiffre choisi, il reste deux possibilités pour le dernier. Il y a donc 24 possibilités, soit $4 \times 3 \times 2$.

Situations d'application

1 Charles et Judith trouvent trois pièces de monnaie sur le trottoir, valant respectivement 5 ¢, 10 ¢ et 25 ¢. Charles propose la solution suivante pour les partager entre eux : il lancera les pièces et remettra à Judith celles qui, en tombant, afficheront le côté face.

a) À l'aide d'un diagramme en arbre, détermine toutes les répartitions possibles.

b) Combien de répartitions possibles y a-t-il ?

c) Dans combien de cas Charles recevrait-il au moins 15 ¢ ?

2 Dans un jeu, une personne choisit quatre jetons et, sans les montrer à son adversaire, les aligne derrière une cache. L'adversaire doit déterminer la couleur des jetons à l'aide des indices qui lui sont donnés. Le choix des jetons s'effectue parmi des jetons de huit couleurs différentes.

Combien y a-t-il de façons de choisir et d'aligner les quatre jetons

a) si l'on peut utiliser plus d'un jeton de la même couleur ?

b) si les jetons doivent tous être de couleur différente ?

3 Océane, Thomas, Sylvain et Félix vont au cinéma.

a) De combien de façons différentes peuvent-ils s'asseoir dans quatre fauteuils adjacents d'une rangée ?

b) De combien de façons peuvent-ils s'asseoir dans ces fauteuils pour qu'Océane et Thomas soient placés côte à côte ?

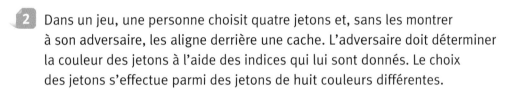

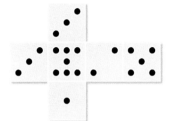

4 La somme des points sur les faces d'un dé ordinaire est 21. Sylvain a construit un autre dé, dont le développement est représenté ci-contre. Ce dé a le même nombre de points au total et le même nombre de faces qu'un dé ordinaire. Sylvain se pose la question suivante : Si on lançait les deux dés, lequel aurait le plus de chances de donner le plus grand résultat ?

a) À l'aide d'une grille de 36 cases, compare tous les résultats possibles du dé de Sylvain (S) avec ceux d'un dé ordinaire (O). Pour chaque possibilité, dans la case correspondante, indique quel dé donne le plus grand résultat.

b) Sur les 36 possibilités, combien sont favorables

1) au dé de Sylvain ?   **2)** au dé ordinaire ?

c) Invente ton propre dé en t'assurant que les points totalisent 21. Peux-tu concevoir un dé qui serait meilleur que le dé ordinaire ?

Trouves-tu étonnant qu'un dé soit meilleur qu'un autre même si le total des points est le même pour les deux dés ?

5 Avant de commencer une partie d'un jeu de société, Mireille, Cynthia et Benoît doivent déterminer qui sera responsable de la banque et dans quel ordre ils vont jouer. Par exemple, Mireille pourrait être responsable de la banque et l'ordre de jeu pourrait être le suivant : Cynthia, Mireille et Benoît. Il y a évidemment d'autres possibilités.

a) Combien de possibilités y a-t-il au total ?

b) Combien de possibilités y a-t-il où la personne responsable de la banque jouerait la première ?

6 La combinaison pour ouvrir un cadenas gradué de 0 à 39 comprend trois nombres. Les nombres qui se suivent dans cette combinaison sont séparés par au moins cinq graduations sur la roulette du cadenas. Par exemple, si le premier nombre est 12, le deuxième ne peut pas se situer entre 7 et 17, mais il peut être 7 ou 17. Combien de combinaisons possibles existe-t-il pour ce cadenas ?

7 Martine peut se rendre à l'école de trois façons : en train, en autobus ou en automobile avec sa mère. Après l'école, elle va à son cours de musique à pied ou en autobus. Puis elle revient à la maison soit en train, soit en autobus. Ces différentes options sont représentées ci-contre.

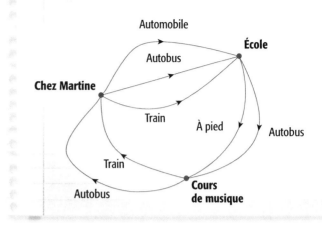

a) De combien de façons différentes Martine peut-elle effectuer le trajet qui part de chez elle et qui s'y termine ?

b) De combien de façons différentes peut-elle l'effectuer sans prendre le train ?

c) De combien de façons différentes peut-elle le parcourir en prenant le train une seule fois ?

8 Au Québec, les plaques d'immatriculation affichent habituellement trois chiffres suivis de trois lettres. Sur les plus anciennes, on voit plutôt trois lettres suivies de trois chiffres. En supposant que toutes les lettres et tous les chiffres sont permis, détermine combien de plaques différentes il peut y avoir au total.

Intéressant ! Je me demande ce que ça donnerait dans le cas d'un quadrillage rectangulaire.

9 Dans le quadrillage ci-dessous, on peut déplacer un pion seulement vers le haut ou vers la droite.

Combien de chemins différents y a-t-il pour se rendre de la case **A** à la case **B** ?

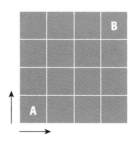

Une page d'histoire

Thalès de Milet (v. 625 av. J.-C. - v. 547 av. J.-C.)

Né à Milet (ville de l'actuelle Turquie), Thalès compte parmi les premiers grands penseurs grecs. Il n'existe plus aucun écrit de ce philosophe et mathématicien, considéré comme le fondateur de la géométrie déductive. Tout ce qui lui est attribué provient d'écrits de philosophes et de mathématiciens qui lui ont succédé. Par exemple, l'anecdote illustrée ci-dessus a été rapportée par le grand philosophe Platon (v. 427 av. J.-C. - v. 347 av. J.-C.).

Et toi, t'est-il déjà arrivé de te perdre dans tes pensées au point d'en oublier ton environnement?

Quelques propriétés des angles

Activité 1 Rencontre au sommet

Place deux tiges (qui pourraient être des spaghettis ou des cure-pipes, par exemple) de manière qu'elles se croisent. Réponds ensuite aux questions ci-dessous.

a) Combien d'angles aigus et d'angles obtus as-tu formés en effectuant ce croisement ?

b) Choisis un de ces angles. Estime sa mesure en degrés.

c) En tenant compte de ton estimation, déduis la mesure d'un angle adjacent à celui que tu as choisi. Explique ton raisonnement.

d) Déduis la mesure de tous les autres angles représentés par le croisement des tiges. Explique comment tu as déduit ces mesures. Compare tes réponses avec celles d'un ou d'une camarade.

e) Avec cette personne, détermine quelles parties de vos représentations peuvent être associées à l'expression « angles opposés par le sommet ». Expliquez vos choix.

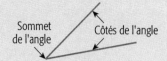

Lorsqu'on représente un angle, on peut distinguer certaines parties.

Sommet de l'angle — Côtés de l'angle

De plus, deux angles sont dits adjacents s'ils
- ont le même sommet ;
- ont un côté commun ;
- se situent de part et d'autre de ce côté commun.

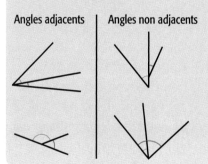

Angles adjacents | Angles non adjacents

Je vérifie mes connaissances

Miguel a tracé deux droites qui se croisent de telle sorte que l'un des angles représentés mesure 15°.

a) Trace à main levée deux droites pouvant correspondre à ce que Miguel a tracé.

b) Sans mesurer les angles ainsi représentés, indique leurs mesures sur ton dessin. Explique comment tu as déterminé chacune des mesures.

> Corrigé, p. 446

Activité 2 Des angles et des droites

Place trois tiges (spaghettis, cure-pipes ou autres) sur une feuille de manière à former deux croisements. Fais une représentation différente de l'exemple ci-dessous. Identifie chacun des angles par un numéro, exactement comme dans l'illustration.

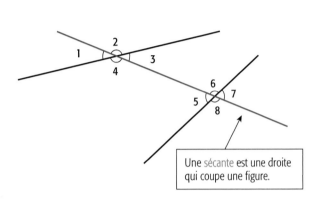

Une sécante est une droite qui coupe une figure.

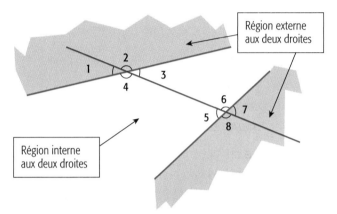

Région externe aux deux droites

Région interne aux deux droites

Angles correspondants

Dans l'exemple ci-dessus, l'angle 1 et l'angle 5 sont des angles correspondants, car ils occupent un emplacement similaire par rapport aux tiges qui les forment. Observe ta représentation et note les numéros des paires d'angles correspondants.

Angles alternes

Dans l'exemple ci-dessus, l'angle 1 et l'angle 6 sont des angles alternes, car ils ne sont pas adjacents ni opposés par le sommet, et ils sont situés de part et d'autre de la sécante. Observe ta représentation et note les numéros des paires d'angles alternes.

Angles internes

Dans l'illustration ci-dessus, l'angle 4 et l'angle 5 sont situés dans la région interne aux deux droites. Observe ta représentation et note les numéros des paires d'angles internes.

Angles externes

Dans l'illustration ci-dessus, l'angle 2 et l'angle 7 sont situés dans la région externe aux deux droites. Observe ta représentation et note les numéros des paires d'angles externes.

Fais équipe avec un ou une camarade pour accomplir les tâches ci-dessous.

a) Ensemble, comparez les angles que vous avez associés à chacune des catégories définies à la page précédente. Aviez-vous noté les mêmes paires?

b) Dans vos représentations, la droite sécante coupe les deux autres droites. Sur chacune des représentations, faites tourner une seule de ces deux droites sur son point d'intersection avec la sécante de manière à obtenir des angles correspondants isométriques.

c) Dans vos nouvelles représentations, comparez les angles alternes-internes et les angles alternes-externes. Que remarquez-vous?

d) Qu'est-ce qui diffère dans vos représentations et qu'est-ce qui se ressemble? Quelles sont les différences et les similitudes entre vos représentations et celles d'autres élèves?

e) Comment pourriez-vous placer les trois droites afin de former des angles correspondants, alternes-internes et alternes-externes ayant tous la même mesure? Quelle serait cette mesure? Expliquez votre réponse.

 Je vérifie mes connaissances

Dans l'illustration ci-dessous, les droites en rouge sont parallèles et l'angle 8 mesure 50°.

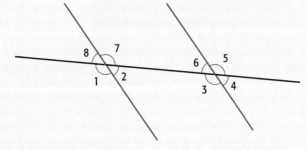

a) Déduis les mesures des angles 1 à 7. Dans le cas de chaque mesure, justifie ta réponse.

b) Compare ton raisonnement pour déduire chacune des mesures avec celui d'un ou d'une camarade. Avez-vous procédé de la même façon?

❯ Corrigé, p. 446

Mes outils

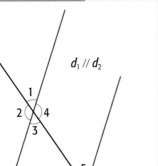

$d_1 \mathbin{/\mkern-3mu/} d_2$

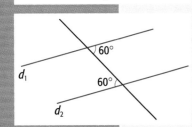

Quelques propriétés des angles

Angles formés par deux droites sécantes

Les angles opposés par le sommet sont isométriques.

Exemples : Dans l'illustration ci-contre, les angles 6 et 8 sont isométriques, de même que les angles 1 et 3.

Angles formés par des droites parallèles coupées par une sécante

Si une droite coupe deux droites parallèles, alors les angles alternes-internes, alternes-externes et correspondants sont respectivement isométriques.

Exemples : Dans l'illustration ci-contre sont isométriques les angles 3 et 5, les angles 2 et 8, et les angles 3 et 7, car les droites d_1 et d_2 sont parallèles.

Dans le cas d'une droite coupant deux droites, si deux angles correspondants (ou alternes-internes, ou encore alternes-externes) sont isométriques, alors ils sont formés par des droites parallèles coupées par une sécante.

Exemple : Dans l'illustration ci-contre, les droites d_1 et d_2 sont parallèles, car les angles alternes-internes sont isométriques.

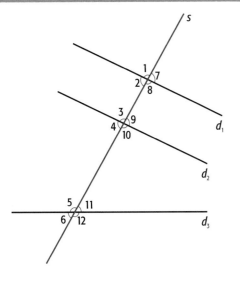

Situations d'application

1 Dans la figure ci-contre, $d_1 \mathbin{/\mkern-3mu/} d_2$.

    a) Indique toutes les paires d'angles opposés par le sommet.

    b) Indique six paires d'angles correspondants.

    c) Indique six paires d'angles alternes-internes.

    d) Indique six paires d'angles alternes-externes.

    e) Parmi toutes les paires d'angles que tu as notées ci-dessus, encercle celles dont les deux angles sont isométriques.

2 L'illustration ci-contre montre un viaduc surplombant une autoroute. L'angle 3 mesure 80°. Déduis les mesures des angles 1 et 2 à l'aide de propriétés géométriques. Explique ton raisonnement.

3 Observe le grillage ci-dessous.

Est-ce que le quadrilatère **ABCD** est un parallélogramme ? Décris ton raisonnement.

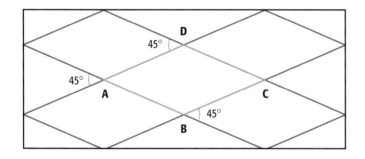

Dire qu'un quadrilatère est un parallélogramme, c'est affirmer que ses côtés opposés sont parallèles.

4 Dans la figure ci-dessous, où les angles intérieurs des triangles sont identifiés par des numéros, les segments de la même couleur sont parallèles. Indique les angles intérieurs qui sont isométriques à l'angle 10. Justifie ta réponse à l'aide de propriétés géométriques.

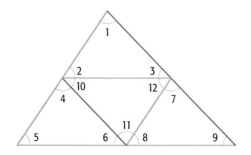

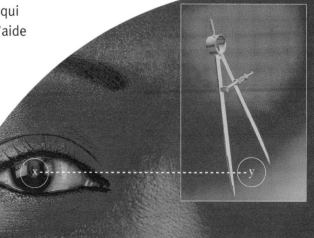

5 Lorsque Jérôme ouvre sa planche à repasser, les tiges de métal qui la soutiennent se croisent. De plus, la planche est parallèle au sol.

Dans le bas du pied (partie rouge), les tiges de métal et le sol forment un triangle. Dans le haut (partie verte), les tiges et la planche forment également un triangle. Ces deux triangles ont-ils les mêmes angles ? Décris ton raisonnement en te référant à des propriétés géométriques.

Deux angles sont complémentaires s'ils forment un angle droit lorsqu'on les dispose de telle sorte qu'ils soient adjacents.

6 Dans l'illustration ci-contre, le poteau téléphonique et celui du panneau de signalisation sont perpendiculaires au sol. Les traits noirs représentent l'ombre projetée par les poteaux lorsqu'un rayon de soleil croise leur sommet.

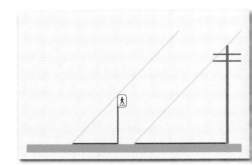

a) Les deux triangles ainsi formés par les poteaux, leur ombre et le rayon de soleil qui la crée ont-ils les mêmes angles ? Justifie ta réponse à l'aide de propriétés géométriques.

b) Les deux angles aigus dans un triangle rectangle sont-ils toujours des angles complémentaires ? Explique ta réponse.

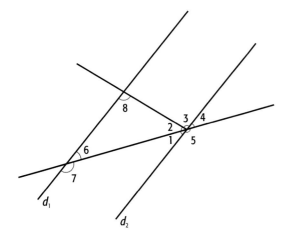

7 Dans la figure ci-contre, les droites d_1 et d_2 sont parallèles. L'angle 7 mesure 145° et l'angle 8 mesure 100°.

Déduis les mesures des angles 1 à 6. Dans le cas de chaque mesure, explique tes déductions en te basant sur des propriétés géométriques.

8 Mélanie a remarqué qu'il est toujours possible de tracer une droite parallèle à l'un des côtés d'un triangle et passant par le sommet opposé à ce côté. Par exemple, toutes les droites d_1 et d_2 ci-dessous sont parallèles.

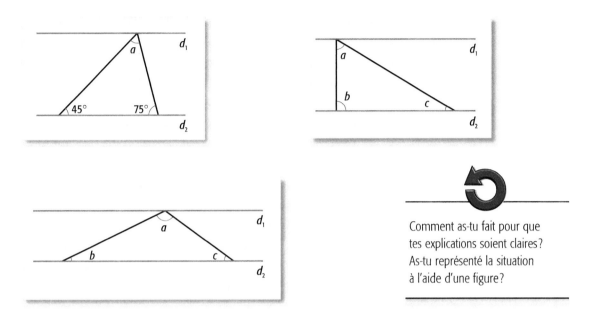

Comment as-tu fait pour que tes explications soient claires? As-tu représenté la situation à l'aide d'une figure?

À l'aide de propriétés géométriques impliquant ces droites parallèles, justifie que la somme des mesures des angles intérieurs d'un triangle est 180°.

9 Judith observe qu'une partie de la structure de sa bicyclette semble avoir la forme d'un parallélogramme. Grâce aux engrenages, elle parvient à estimer les mesures des angles 1, 2 et 6 indiqués dans l'illustration ci-contre.

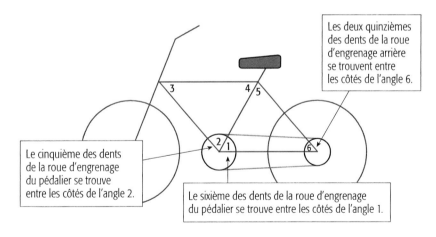

Les deux quinzièmes des dents de la roue d'engrenage arrière se trouvent entre les côtés de l'angle 6.

Le cinquième des dents de la roue d'engrenage du pédalier se trouve entre les côtés de l'angle 2.

Le sixième des dents de la roue d'engrenage du pédalier se trouve entre les côtés de l'angle 1.

a) La partie de la structure observée par Judith a-t-elle la forme d'un trapèze? Justifie ta réponse à l'aide de propriétés géométriques.

b) Quelles devraient être les mesures des angles 3 et 4 pour que la structure observée par Judith ait la forme d'un parallélogramme?

Deux angles sont supplémentaires s'ils forment un angle plat lorsqu'on les dispose de telle sorte qu'ils soient adjacents.

10 Soit l'énoncé géométrique suivant :

Si une droite coupe deux droites parallèles, alors les angles internes situés d'un même côté de la sécante sont supplémentaires.

a) Trace trois représentations différentes correspondant à cet énoncé. Sur chacune de tes représentations, indique les angles dont il est question dans l'énoncé.

b) En ayant recours à des propriétés géométriques, justifie que ces angles sont supplémentaires.

11 En manipulant deux bandes rectangulaires transparentes, Jawad forme des parallélogrammes.

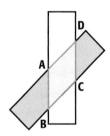 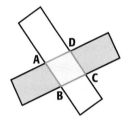 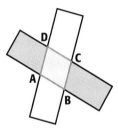

Il constate que dans chaque parallélogramme formé les angles intérieurs se faisant face ont la même mesure.

Lis la propriété géométrique énoncée ci-dessous, puis trouve une façon de convaincre quelqu'un que celle-ci s'applique à tous les parallélogrammes. Utilise des propriétés géométriques pour construire ton argumentation.

Les angles opposés d'un parallélogramme sont isométriques.

Tout le long de l'année, tu as travaillé différents concepts et processus en arithmétique, en algèbre, en probabilité, en statistique et en géométrie. Tu as probablement une idée de tes forces et de tes lacunes. Avant de passer en 2e année du 1er cycle du secondaire, il est encore temps de surmonter tes principales difficultés en réalisant les situations d'application dans cette section.

Les retours

RETOUR SUR l'arithmétique et l'algèbre

- **Le sens du nombre** p. 412

- **Les opérations** p. 414

- **Le raisonnement proportionnel** p. 417

- **L'algèbre** p. 418

RETOUR SUR la probabilité et la statistique

- **La probabilité** p. 419

- **La statistique** p. 420

RETOUR SUR la géométrie

- **Les définitions et les propriétés de figures planes** p. 422

- **La mesure** p. 425

Le sens du nombre

Situations d'application

1 L'arrière-grand-mère d'Enrique a aujourd'hui 100 ans.

 a) Approximativement combien de secondes a-t-elle vécu jusqu'à maintenant ?

b) Exprime uniquement à l'aide de mots la réponse que tu as trouvée en **a)**.

c) Et toi, à quel âge fêteras-tu ton premier milliard de secondes d'existence ?

2 Camille et Damien ont effectué un sondage en demandant aux gens si la pollution atmosphérique des grandes villes les préoccupait. Parmi les personnes interrogées par Camille, 40 % ont répondu par oui. Dans le cas des personnes interrogées par Damien, seulement 25 % ont répondu par oui. Pourtant, tous les deux ont obtenu exactement le même nombre de réponses affirmatives.

a) Explique à l'aide d'un exemple comment cette situation a pu se produire.

b) Qui a interrogé le plus de gens, Camille ou Damien ? Justifie ta réponse.

Christine demeure au tiers de ma route, Gisèle, environ aux deux cinquièmes, et Marco, à peu près aux trois huitièmes.

3 Thomas demeure exactement à 1 km de l'école, où chaque jour il se rend en patins à roues alignées. Au cours de son trajet, il passe devant les lieux de résidence de ses amis Christine, Gisèle et Marco.

a) Parmi ces trois personnes, laquelle demeure le plus près
   1) de chez Thomas ?   **2)** de l'école ?

b) Marco habite-t-il plus près de chez Christine ou de chez Gisèle ?

4 Tu connais peut-être la suite de Fibonacci :

1, 1, 2, 3, 5, 8, 13…

À l'aide de deux termes successifs de cette suite, on peut créer une suite de fractions : $\frac{1}{2}$, $\frac{2}{3}$, $\frac{3}{5}$, $\frac{5}{8}$, $\frac{8}{13}$ …

a) Classe les cinq fractions ci-dessus dans l'ordre croissant.

b) Quelle sera la sixième fraction formée si l'on suit la même régularité ?

c) Situe cette fraction par rapport aux cinq autres.

5 On a demandé à Sabrina de placer dans l'ordre croissant cinq cartons affichant des nombres négatifs. Voici sa solution :

$^-0,1$ $^-0,2$ $^-0,6$ $^-0,13$ $^-0,23$

Es-tu d'accord avec cette réponse ? Si oui, explique pourquoi. Sinon, montre comment tu aurais placé ces cartons.

6 Sur la planète Trox, l'année dure 485 jours troxiens et une fraction de jour. Il y a donc des années bissextiles pour tenir compte de la fraction, comme c'est le cas sur la planète Terre où l'année dure environ 365 jours $\frac{1}{4}$. Sur Trox, cependant, les années bissextiles ne surviennent pas tous les quatre ans comme sur la Terre.

- Les années suivantes sont bissextiles sur Trox : 2070, 2412, 2538.

- Les années suivantes ne le sont pas : 2061, 2130, 2684.

a) Selon toi, l'année 2898 est-elle une année bissextile sur Trox ? Explique ton point de vue.

b) Le sera-t-elle sur la Terre ?

Les opérations

1 Durant une compétition d'athlétisme à son école, Terry a atteint une distance de 16,4 m au lancer du disque. C'est 1,35 m de moins que la distance atteinte par Fernando. D'autre part, le résultat de Yan est égal à 3,55 m de moins que celui de Terry, mais à 1,8 m de plus que celui de Simon.

Compare le résultat de Simon avec celui de Fernando. Quelle distance de plus, en mètres, l'un a-t-il atteinte par rapport à l'autre ?

2 Avec un contenant de 1,89 litre de jus d'orange, Patricia a rempli six verres et un septième à moitié. Tous les verres sont identiques.

a) Quelle quantité de jus chaque verre plein contient-il ?

b) Avec un contenant de 2 litres, Patricia aurait-elle pu remplir le septième verre ? Sinon, combien de jus aurait-il manqué ?

3 Les trois cartons ci-dessous présentent des opérations avec des nombres décimaux inférieurs à 1.

$$0,04 \div 0,008 \qquad 0,6 \times 0,25 \qquad 0,12 \div 0,3$$

a) Sans effectuer de calcul, indique, dans le cas de chaque opération, si le résultat sera inférieur ou supérieur à 1. Justifie chacune de tes réponses.

b) Pour chaque opération, imagine un contexte pertinent, c'est-à-dire une situation où elle aurait un sens. Précise ce que représente chaque nombre dans ce contexte et ce que l'on cherche à obtenir en effectuant cette opération.

c) Détermine le résultat de chaque opération.

82,95 $

15,96 $

4 Adèle a profité de soldes pour acheter le chandail et le foulard illustrés ci-contre. Elle a obtenu une réduction de $\frac{1}{3}$ sur le prix du chandail et de 25 % sur celui du foulard.

a) Combien a-t-elle économisé au total?

b) Sans les soldes, les deux articles auraient coûté 98,91 $. Quel pourcentage l'économie calculée en **a)** représente-t-elle par rapport à la valeur de ces articles au prix courant?

5 Détermine si les énoncés ci-dessous sont vrais ou faux. Explique ta réponse à l'aide d'un exemple, en effectuant un calcul, etc.

a) L'expression $2\frac{3}{4}$ équivaut à $2 + \frac{3}{4}$.

d) Pour trouver le double d'une fraction, il suffit de multiplier le numérateur et le dénominateur de la fraction par 2.

g) Diviser par $\frac{1}{5}$ ou multiplier par 5, c'est équivalent.

b) $\frac{1}{6} + \frac{1}{3} = \frac{2}{9}$

e) $\frac{2}{3}$ de $\frac{3}{8}$ donne le même résultat que $\frac{3}{8}$ de $\frac{2}{3}$.

h) $\frac{2}{9} \div 3 = \frac{2}{3}$

c) $5 - 2\frac{1}{3} = 3\frac{1}{3}$

f) $2\frac{1}{2} \times 2\frac{1}{2} = 4\frac{1}{4}$

i) L'expression $\frac{8}{15} \div \frac{2}{3}$ équivaut à $\frac{8 \div 2}{15 \div 3}$.

j) La moyenne arithmétique de $\frac{1}{2}$ et $\frac{1}{4}$ est $\frac{1}{3}$.

6 Dans la cour, chez Stéphanie, il y a trois arbres : un érable, un pommier et un petit lilas. La hauteur du lilas est environ le sixième de celle de l'érable, alors que la hauteur du pommier correspond aux trois huitièmes de celle de l'érable.

a) Par quelle fraction de la hauteur de l'érable le pommier dépasse-t-il le lilas?

b) Combien de fois le pommier est-il plus grand que le lilas?

7 Un sondage effectué auprès des élèves de l'École Bonséjour comprenait la question suivante : Avez-vous un animal domestique à la maison ? Cinq huitièmes des élèves interrogés étaient des garçons et parmi ceux-ci $\frac{3}{10}$ ont répondu par oui. Pour ce qui est des filles, $\frac{4}{9}$ ont répondu affirmativement.

Les élèves possédant un animal domestique représentent quelle fraction des élèves ayant répondu au sondage ?

8 Une route est-ouest traverse un village en passant devant l'église. À 9,8 km à l'ouest de l'église se trouve Arthur, dans son camion vert. Au même moment, Béatrice est dans sa petite voiture rouge à 6,4 km à l'est de l'église. Tous les deux se dirigent l'un vers l'autre à la même vitesse, sans se douter que...

a) À l'aide d'une droite numérique, représente l'emplacement de l'église et l'endroit où se situent Arthur et Béatrice au départ, puis celui où aura lieu le coup de foudre.

b) Quelle distance y a-t-il entre l'église et l'endroit où se rencontreront Arthur et Béatrice ?

9 Émile a noté sur un bout de papier les dépôts et les retraits effectués dans son compte de banque durant la première semaine de juin. Il a indiqué les retraits par des nombres négatifs et les dépôts par des nombres positifs.

a) Selon ces nombres, de combien de dollars le solde du compte d'Émile avait-il augmenté ou diminué à la fin de la semaine ?

b) Au guichet automatique, Émile a été surpris de constater que le solde de son compte avait diminué de 52,13 $ cette semaine-là ; sa liste n'était donc pas exacte. Il s'est alors rappelé une autre transaction effectuée le 1er juin, qu'il avait oublié d'inscrire.

1) S'agissait-il d'un dépôt ou d'un retrait ?

2) Quel était le montant de la transaction ?

1er juin : ⁻25,34
3 juin : ⁻8,95
4 juin : 140,25
4 juin : ⁻80,18
6 juin : 65,80
7 juin : ⁻114,50

Le raisonnement proportionnel

Situations d'application

1 Dans un nouveau quartier, trois terrains rectangulaires sont à vendre. Ils ont tous la même profondeur, mais pas la même largeur. Le prix de chaque terrain est calculé à partir d'un taux unique de 18,50 $/m².

a) Explique dans tes mots ce que signifie ce taux.

b) Détermine le prix de chaque terrain.

Un quatrième terrain de même profondeur se vend également au taux de 18,50 $/m².

c) Quel est le prix de ce terrain

1) si sa largeur est le double de celle du terrain **A** ?

2) si sa largeur est la moitié de celle du terrain **A** ?

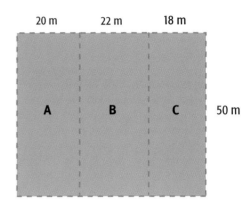

2 Un cycliste roulant toujours à la même vitesse, soit 18 km/h, met 15 minutes à parcourir une piste cyclable d'une extrémité à l'autre.

a) Quelle est la longueur de la piste cyclable ?

b) À quelle vitesse le cycliste devrait-il rouler pour franchir cette distance en 10 minutes ?

c) Combien de temps lui faudrait-il pour effectuer ce parcours en roulant à 15 km/h ?

d) Selon toi, dans cette situation, le temps nécessaire pour parcourir toute la piste est-il proportionnel à la vitesse du cycliste ? Justifie ta réponse.

3 Imprimés sur le même papier, deux livres ont le même type de couverture, soit un carton rigide de 1 mm d'épaisseur. Le premier livre compte 520 pages et son épaisseur, couverture incluse, est de 34 mm. Le second livre a une épaisseur de 26 mm, couverture comprise.

Estime le nombre de pages du second livre.

L'algèbre

1 Vincent a construit une tour avec de petits cubes emboîtables, puis a recouvert de papier toutes ses faces, y compris celle de la base.

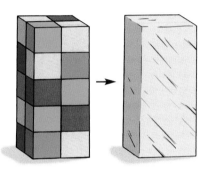

La tour est constituée de cinq étages de quatre cubes. L'arête de chaque cube mesure 2 cm.

a) Détermine, en centimètres carrés, la quantité minimale de papier utilisé. Explique dans tes mots chaque étape de ton calcul.

b) De quelle quantité de papier Vincent aurait-il eu besoin si sa tour avait compté 10 étages?

c) Si n représente le nombre d'étages de la tour, quelle expression algébrique représente l'aire minimale du papier en centimètres carrés?

d) Si la tour avait 100 étages, quelle serait la quantité minimale de papier nécessaire pour la recouvrir?

2 Aux quilles, les joueurs et les joueuses doivent abattre 10 quilles disposées en triangle. La dernière rangée du triangle contient quatre quilles. En disposant des jetons de la même façon, il est possible de créer des triangles plus grands. Observe les dispositions suivantes de jetons.

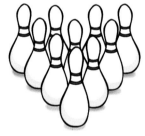

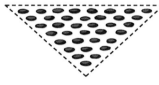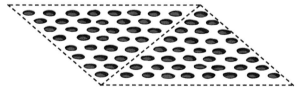

a) Combien de jetons y a-t-il dans la représentation de droite, soit celle du parallélogramme?

b) Combien de jetons y a-t-il dans la représentation de gauche, soit celle du triangle?

c) Si n est le nombre de jetons de la dernière rangée du triangle, quelle expression algébrique représente le nombre de jetons dans

1) le parallélogramme? **2)** le triangle?

d) Imagine qu'on veuille former un triangle de quilles dont la dernière rangée contiendrait 20 quilles. Combien de quilles faudrait-il?

La probabilité

Situations d'application

1 On lance deux dés ordinaires à six faces, puis on calcule la différence entre les nombres affichés. Il y a six différences possibles : 0, 1, 2, 3, 4 ou 5.

Réponds aux questions ci-dessous en justifiant chacune de tes réponses.

Une différence de 3.

a) Quel événement est le plus probable : obtenir une différence de 0 ou de 3 ?

b) Parmi les six possibilités, quelle différence est-il le plus probable d'obtenir ?

c) On s'apprête à simuler, à l'aide d'un ordinateur, 100 fois le lancer de deux dés. Tu dois prédire le nombre de fois que la différence sera égale à 1. Quelle est la meilleure prédiction possible ?

d) Parmi les deux événements ci-dessous, lequel est le plus probable ?

Obtenir un 2 en lançant un dé.   Obtenir une différence de 2 en lançant deux dés.

2 Au cours d'une fête, Agathe, Blanche, Cathy et Diane s'assoient autour d'une table carrée.

a) De combien de façons différentes peuvent-elles s'asseoir autour de la table ?

b) Parmi toutes ces façons, dans combien de cas Blanche et Cathy se feraient-elles face ?

3 Pour gagner à un jeu, il y a deux possibilités.

Faire tourner deux fois la première roue et obtenir la couleur rouge chaque fois.

Faire tourner trois fois la seconde roue et obtenir la couleur rouge chaque fois.

Pour avoir la plus grande probabilité de gagner, laquelle de ces deux possibilités devrais-tu choisir ? Justifie ta réponse.

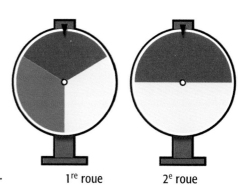

1re roue   2e roue

La statistique

Planète	Température moyenne à la surface (°C)
Mercure	90
Vénus	480
Terre	15
Mars	−23
Jupiter	−150
Saturne	−180
Uranus	−210
Neptune	−220
Pluton	−230

1 Des scientifiques ont évalué la température moyenne à la surface de chacune des planètes de notre système solaire.

Représente les données du tableau ci-contre à l'aide d'un diagramme à bandes.

Comme tu l'as remarqué, il fait particulièrement chaud sur Vénus. Cela est dû à l'effet de serre. Pourrais-tu expliquer comment l'effet de serre augmente la température?

2 Alexandra participe à une compétition de plongeon. Pour gagner la médaille d'or, elle doit obtenir au moins une moyenne de 7,8 points à son prochain et dernier plongeon.

Son plongeon est assez bien réussi, mais est-ce que ce sera suffisant ? Attendons les notes des 10 juges.

Après un certain temps, le tableau affiche les notes suivantes.

Plongeuse 1 : 6.5 6.8 8.4 8.6 7.8 7.4 7.0

Malheureusement, trois juges n'ont pas noté leur évaluation à temps. Il faudra encore attendre avant de connaître le résultat d'Alexandra.

Alexandra peut-elle encore espérer gagner la médaille d'or? Explique ta réponse.

3 En l'an 2000, selon une estimation de l'Unicef, 1,8 million de femmes enceintes dans le monde étaient séropositives pour le VIH.

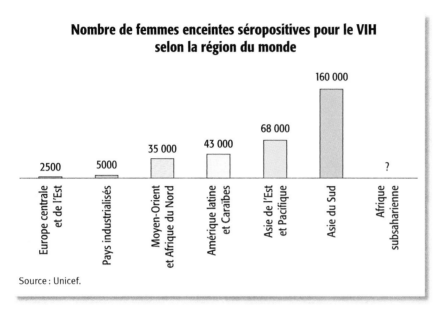

Nombre de femmes enceintes séropositives pour le VIH selon la région du monde

160 000 — Asie du Sud

68 000 — Asie de l'Est et Pacifique

43 000 — Amérique latine et Caraïbes

35 000 — Moyen-Orient et Afrique du Nord

5000 — Pays industrialisés

2500 — Europe centrale et de l'Est

? — Afrique subsaharienne

Source : Unicef.

Donne les dimensions du rectangle qui pourrait représenter la situation en Afrique subsaharienne.

4 Comment considères-tu ton expérience au secondaire jusqu'à maintenant ?

Excellente   Bonne   Ordinaire   Mauvaise   Très mauvaise

Compile les réponses de tous et de toutes les élèves de la classe.

a) Représente les résultats obtenus à l'aide d'un diagramme circulaire.

b) En quelques lignes, compare la situation de ta classe avec celle de la classe de Fathia.

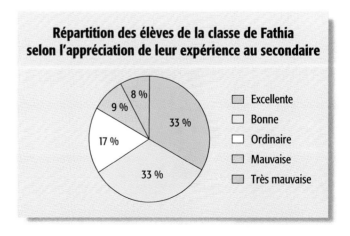

Répartition des élèves de la classe de Fathia selon l'appréciation de leur expérience au secondaire

8 %
9 %
17 %
33 %
33 %

☐ Excellente
☐ Bonne
☐ Ordinaire
☐ Mauvaise
☐ Très mauvaise

Les définitions et les propriétés de figures planes

> Pour m'assurer d'obtenir une véritable forme carrée, je vérifie si les diagonales du quadrilatère ont la même mesure, puis je fixe les madriers les uns aux autres.

1 À son chalet, M. Boisvert veut construire une terrasse de forme carrée. Il relie donc quatre madriers de 4 m de longueur de la façon illustrée ci-contre.

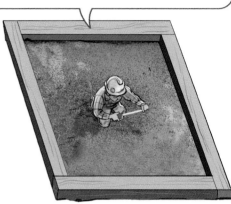

À ton avis, le commentaire de M. Boisvert est-il juste? Sa façon de procéder lui assure-t-elle d'obtenir une forme carrée?

Si oui, explique ton point de vue.

Sinon, précise comment M. Boisvert devrait s'y prendre pour s'assurer que la forme obtenue est vraiment carrée.

2 Julie-Anne change la céramique dans sa salle de bains. Elle affirme, au sujet du modèle qu'elle a choisi : « J'aime bien ce motif. Le fait que les angles opposés d'un losange soient isométriques crée une certaine harmonie visuelle agréable à l'œil. »

Trouve une argumentation convaincante qui justifie que les angles opposés d'un losange sont isométriques.

3 Un navigateur emprunte un chenal. On lui a suggéré, pour éviter les hauts-fonds, de se maintenir à égale distance des phares situés sur la rive gauche et la rive droite.

Sur chacune des rives, il y a un phare à l'entrée, un au milieu et un autre à la sortie du chenal.

 Sur la feuille qu'on te remet, indique le trajet que devrait suivre le navigateur pour tenir compte du conseil.

4 Est-il possible de construire un trapèze en juxtaposant trois triangles quelconques isométriques ?

Si oui, explique comment il faut disposer les triangles et justifie que la figure obtenue est bel et bien un trapèze.

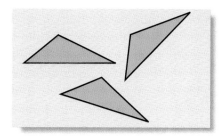

5 La direction d'une école a invité les élèves à proposer un logo pour les compétitions annuelles d'athlétisme. Voici celui qu'a conçu Amélie.

Les cinq cercles isométriques de ce logo représentent les cinq cycles de l'enseignement primaire et secondaire. Pour symboliser la fraternité qui lie les élèves des différents cycles, Amélie a fait passer chaque cercle par le centre d'autres cercles. Elle constate que les centres des cercles vert, jaune et noir sont alignés.

a) À l'aide de ton compas, reproduis le logo d'Amélie.

b) Que peux-tu affirmer à propos du quadrilatère ayant pour sommets les centres des cercles rouge, vert, noir et bleu ? Justifie ta réponse à l'aide de définitions ou de propriétés géométriques.

6 Antoine et Béatrice effectuent des réparations sur une ligne électrique. Antoine (A) est au sommet d'un pylône alors que Béatrice (B) se trouve à l'extrémité de l'ombre créée par ce pylône.

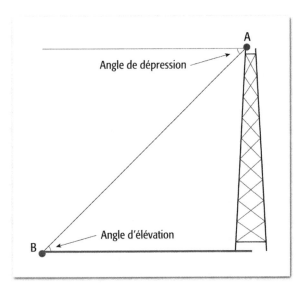

Du haut du pylône, Antoine constate que l'angle de dépression est de 43°. Béatrice remarque que l'angle d'élévation mesure aussi 43°.

a) L'ombre créée est-elle plus grande ou plus petite que la hauteur du pylône ? Justifie ta réponse.

b) Quels devraient être l'angle de dépression et l'angle d'élévation pour que l'ombre créée corresponde à la hauteur du pylône ? Justifie ta réponse.

7 Sandra est originaire de la Guyana, dont le drapeau est représenté ci-contre.

En s'inspirant de ce drapeau, elle a produit la frise ci-dessous à l'aide de rotations.

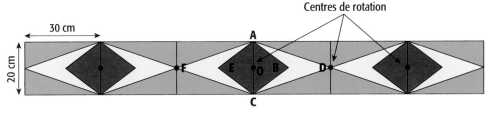

a) Sachant que le quadrilatère **ABCD** est un deltoïde et que la frise a été créée à l'aide de rotations de 180°, que peux-tu affirmer à propos du quadrilatère **ABCE** ? Justifie ta réponse.

b) Calcule l'aire du quadrilatère **ADCF.** Laisse les traces de ta démarche.

Souviens-toi, un deltoïde est un quadrilatère non convexe ayant deux paires de côtés adjacents isométriques.

La mesure

1 **a)** À l'aide de tes instruments de géométrie, construis un rectangle, un triangle, un parallélogramme, un trapèze, un losange et un cerf-volant ayant tous une aire de 60 cm². Sur chaque figure, indique les mesures pertinentes permettant de calculer son aire.

b) **1)** Trace un cercle ayant pour circonférence le périmètre du rectangle construit en **a).**

2) Tous les cercles tracés par les élèves de la classe devraient-ils être isométriques ? Explique ta réponse.

2 L'illustration ci-dessous représente le verso d'une enveloppe.

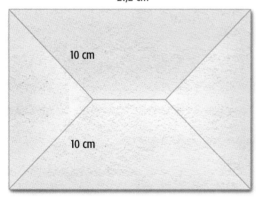

21,2 cm

10 cm

10 cm

Sur cette partie de l'enveloppe, on remarque deux trapèzes isocèles isométriques et deux triangles rectangles isométriques. La surface des deux triangles équivaut à celle d'un trapèze.

Quelles sont les dimensions maximales d'une feuille rectangulaire que l'on pourrait insérer dans cette enveloppe en la pliant en deux parties isométriques ? Laisse les traces de tes calculs.

3 Un promoteur immobilier se retrouve avec un grand terrain difficile à vendre. Il décide donc de le diviser en deux lots, comme illustré par le trait blanc sur la figure ci-dessous.

À quelle fraction du grand terrain triangulaire chacun des deux nouveaux terrains correspond-il ?

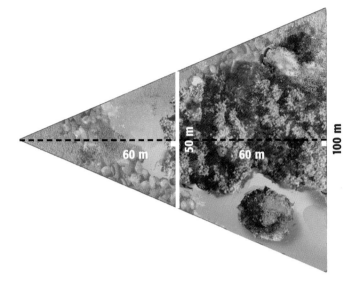

60 m 50 m 60 m 100 m

4 Dans les parcs d'attractions, la grande roue attire toujours autant les adultes et les enfants.

La Ronde, Montréal, Canada
Diamètre : 45 m

Imagine un énorme vélo ayant des roues du même diamètre que la grande roue de La Ronde.

Si tu possédais un tel vélo, en combien de tours de roue te rendrais-tu de l'école à chez toi ?

Rond-point

Une expo-math

*La première année du 1ᵉʳ cycle du secondaire tire
à sa fin. Tout le long de l'année, tu as constaté
comment les mathématiques peuvent t'aider
à mieux comprendre le monde qui
t'entoure. Tu sais maintenant qu'on
peut associer les mathématiques
à de nombreux domaines : les sciences,
la géographie, les arts, les sports,
les loisirs, etc. Il est maintenant temps
de mettre à profit tes nouvelles
connaissances. Pourquoi ne pas organiser
une expo-math dans la classe*

Comment participer ?

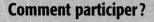

- Fais équipe avec un ou une camarade.
  Ensemble, trouvez un sujet pouvant être
  lié à des connaissances mathématiques.

- Remplissez le formulaire d'inscription qui vous
  sera remis.

Comment procéder ?

Après avoir cerné votre sujet, consultez différentes sources
d'information afin de recueillir les données pertinentes
à votre présentation.

Que faut-il préparer ?

1) Le contenu de votre stand : affiches, photographies, dessins,
   objets, etc.

2) Les explications à donner au public.

3) Un document explicatif, de deux pages au maximum, qui permettra
   aux personnes intéressées de comprendre l'essentiel du sujet
   de votre présentation.

L'expo-math de l'École du Ruisseau

Voici un aperçu de quatre projets conçus par des élèves de l'École du Ruisseau. Lis l'information donnée dans ces deux pages, puis, sur les feuilles qu'on te remet, réponds aux questions portant sur ces projets.

Des mathématiques dans ma cuisine

Résumé du projet

Il est possible de modifier les quantités des ingrédients d'une recette sans changer le goût du produit final. Pour cela, il suffit de respecter les proportions entre les diverses quantités. Dans le cas contraire, c'est-à-dire si l'on ne conserve pas ces proportions, le goût sera différent. Pour illustrer ces affirmations, nous ferons goûter au public deux punchs différents.

Les connaissances mathématiques exploitées

- Le raisonnement proportionnel.

Source d'information

Un livre de recettes.

La géométrie des plateformes

Résumé du projet

Notre projet vise à décrire certaines propriétés géométriques de structures que l'on peut observer, par exemple, sur des plateformes hydrauliques.

Les connaissances mathématiques exploitées

- Des propriétés concernant les angles.
- Le raisonnement proportionnel.

Sources d'information

Sites Internet.

Les probabilités au jeu de backgammon

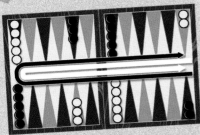

Au backgammon, les adversaires déplacent leurs pions dans des sens contraires sur les 24 cases du plateau. La première phase du jeu consiste à faire entrer tous ses pions dans son jan intérieur.

Résumé du projet

Au backgammon, jeu complexe où se côtoient le hasard et la réflexion, il faut tenir compte de nombreuses possibilités. Notre projet a pour but de démontrer comment les probabilités s'avèrent utiles pour comprendre ce jeu.

Les connaissances mathématiques exploitées

- La probabilité d'un événement.
- Le dénombrement.

Sources d'information

Des livres et des sites Internet décrivant différentes stratégies employées dans ce jeu.

À la recherche des nombres parfaits

Résumé du projet

Dans la Grèce antique, les nombres 6 et 28 étaient considérés comme des nombres parfaits. Pourquoi ? Parce que chacun est égal à la somme de tous ses diviseurs sauf lui-même, comme on peut le voir ci-dessous.

$$1 + 2 + 3 = 6 \qquad 1 + 2 + 4 + 7 + 14 = 28$$

Notre projet consiste à trouver d'autres nombres parfaits et à expliquer leurs caractéristiques.

Les connaissances mathématiques exploitées

- Les diviseurs et les nombres premiers.

Sources d'information

Des articles portant sur l'histoire des nombres.

Dans son œuvre *Éléments,* le mathématicien Euclide parle des nombres parfaits. Il explique avoir remarqué que tous les nombres parfaits pairs peuvent être représentés sous la forme d'un triangle.

Le jour de l'expo-math

Voici enfin arrivé le jour de l'expo-math! Avec ton coéquipier ou ta coéquipière, prends quelques minutes pour terminer l'installation de votre stand.

L'expo-math est maintenant officiellement ouverte!

Marche à suivre

- Ton ou ta camarade et toi devez consacrer la moitié du temps à la présentation de votre projet et l'autre moitié à la visite des autres stands.

- Dans votre stand, assurez-vous de bien expliquer votre projet, de répondre aux questions posées et de vérifier la bonne compréhension des personnes qui s'y arrêtent.

- Quand vous visiterez les autres stands, posez à votre tour des questions pour vous assurer de bien comprendre les sujets présentés. N'oubliez pas de prendre des notes.

À la fin de l'exposition, évalue globalement le travail des autres équipes en utilisant la feuille qu'on te remet.

Quel projet t'a semblé le plus intéressant? Pourquoi?

Ma mémoire

Tu trouveras dans la section Ma mémoire tous les concepts et processus que tu as travaillés dans le volume 1 de ton manuel. Au besoin, n'hésite pas à les consulter.

Ma mémoire en arithmétique et en algèbre

- **Les taux**, p. 432
- **Le sens des opérations**, p. 432
- **Les grands nombres**, p. 433
- **Le pourcentage**, p. 433
- **L'addition et la soustraction de fractions**, p. 434
- **D'autres opérations avec des fractions**, p. 435
- **Des opérations avec des nombres décimaux**, p. 436
- **Introduction à l'algèbre**, p. 437

Ma mémoire en probabilité et en statistique

- **Les diagrammes**, p. 438
- **Les diagrammes circulaires**, p. 439

Ma mémoire en géométrie

- **Les quadrilatères**, p. 440
- **Le cercle**, p. 441
- **Les frises et les transformations géométriques**, p. 442
- **Les dallages et les transformations géométriques**, p. 443
- **L'aire des triangles et des quadrilatères**, p. 444

Ma mémoire en arithmétique et en algèbre

Les taux (p. 53 à 57)

Un taux est une comparaison entre deux quantités de nature différente.

Exemple: Pour tondre le gazon de ses voisins, Marguerite reçoit 8 $/h.

Dans l'exemple ci-dessus, on compare le salaire de Marguerite et la durée de son travail.

Marguerite est payée 8 $ pour chaque heure de travail.

Si elle tond le gazon pendant deux heures, elle recevra 16 $.

Si elle tond le gazon pendant une demi-heure, elle recevra 4 $.

Le sens des opérations (p. 58 à 63)

Pour résoudre une situation-problème qui se traduit par une opération ou une suite d'opérations, il faut s'assurer de comprendre le sens du texte dans son ensemble et pas seulement celui de certains mots.

Exemple: À un jeu vidéo, tu obtiens 25 000 points, soit 1000 points de plus que ton adversaire. Précise le nombre de points accumulés par ton adversaire.

La présence du mot *plus* dans un énoncé ne signifie pas nécessairement que l'on doit additionner. En effet, ici, pour déterminer le nombre de points obtenus par l'adversaire, on a recours à une soustraction, soit $25\,000 - 1000$.

Voici quelques conseils pour mieux comprendre le sens d'un texte.

- Essaie de décrire la situation dans tes mots.

- Représente les données et les relations entre elles par un dessin ou un schéma.

- Au besoin, trouve des exemples de situations semblables en utilisant des nombres différents.

Les grands nombres (p. 64 à 68)

Les nombres s'écrivent habituellement en regroupant les chiffres par trois.

Exemple :

$$4\ 3\ 7 \quad 8\ 2\ 3$$

| Centaines de mille | Dizaines de mille | Unités de mille | Centaines | Dizaines | Unités |

Pour exprimer des nombres plus grands, on peut utiliser le groupe des millions.

Exemple :

$$3\ 2\ 5 \quad 0\ 0\ 0 \quad 0\ 0\ 0$$

| Centaines de millions | Dizaines de millions | Unités de millions |

Et pour des nombres encore plus grands, on peut utiliser le groupe des milliards.

Voici comment on écrit un milliard : **1 000 000 000.**

Le pourcentage (p. 69 à 75)

Comme les fractions, les pourcentages peuvent servir à décrire la partie d'un tout.

Exemple : 70 % des élèves interrogés pensent que l'aide aux pays en voie de développement devrait être une priorité.
Si 100 élèves ont été interrogés, c'est 70 d'entre eux qui pensent ainsi.
Si 50 élèves ont été interrogés, c'est 35 d'entre eux qui partagent cette opinion.

Pour comparer des pourcentages, il importe de considérer à quel tout chacun d'eux se réfère.

Exemple : Du point de vue de la population, le Québec représente environ 25 % du Canada, alors que l'État de New-York représente seulement 7 % des États-Unis.
L'affirmation ci-dessus ne signifie pas que la population du Québec est plus grande que celle de l'État de New-York. En fait, c'est le contraire. Il y a 7 millions de Québécois et de Québécoises, et plus de 19 millions d'habitants et d'habitantes dans l'État de New-York.

L'addition et la soustraction de fractions (p. 155 à 160)

Pour additionner ou soustraire des fractions, on peut utiliser des fractions
équivalentes ayant le même dénominateur.

Exemple :

$$\frac{8}{9} - \frac{1}{6} = \frac{16}{18} - \frac{3}{18} = \frac{13}{18}$$

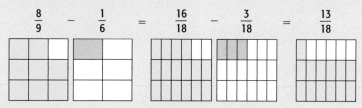

Le résultat d'une opération sur les fractions peut être supérieur à 1.
Dans ce cas, on écrit généralement la réponse sous la forme
d'un nombre fractionnaire.

Résultat exprimé sous la forme d'une fraction	Le même résultat exprimé en nombre fractionnaire

Exemple :

$$\frac{7}{8} + \frac{5}{6} = \frac{21}{24} + \frac{20}{24} = \frac{41}{24} \text{ ou } 1\frac{17}{24}$$

D'autres opérations avec des fractions (p. 161 à 165)

Division d'une fraction par un nombre naturel

Pour diviser une fraction par un nombre naturel, on peut procéder comme ci-dessous.

Exemple : $\frac{4}{5} \div 6$

On cherche une fraction équivalant à $\frac{4}{5}$ dont le numérateur est un multiple de 6. La fraction $\frac{12}{15}$ équivaut à $\frac{4}{5}$.

La fraction $\frac{12}{15}$ peut se partager en 6 parties équivalentes.

$\frac{12}{15} \div 6 = \frac{2}{15}$

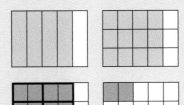

La fraction d'une fraction

Pour trouver la fraction d'une fraction, on peut procéder comme ci-dessous.

Exemple : les $\frac{3}{8}$ de $\frac{4}{5}$.

Il faut d'abord trouver le huitième de $\frac{4}{5}$, pour ensuite le multiplier par 3.

Pour ce faire, on cherche une fraction équivalant à $\frac{4}{5}$ dont le numérateur est un multiple de 8. La fraction $\frac{8}{10}$ équivaut à $\frac{4}{5}$.

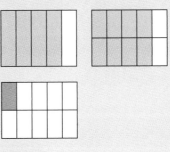

La fraction $\frac{8}{10}$ peut se partager en 8 parties équivalentes à $\frac{1}{10}$.

$\frac{8}{10} \div 8 = \frac{1}{10}$

Ensuite, on considère trois des dixièmes trouvés $\left(\frac{1}{10} \times 3\right)$. La réponse est donc $\frac{3}{10}$.

Des opérations avec des nombres décimaux (p. 166 à 173)

La multiplication de nombres décimaux

Pour multiplier deux nombres décimaux, on peut calculer le produit de deux nombres naturels, puis ajuster ce produit en tenant compte des décimales.

Exemple :

$$3,06 \quad \times \quad 12,3 \quad = \quad 37,638$$

| $\times 100$ | $\times 10$ | $\div 1000$ |

$$306 \quad \times \quad 123 \quad = \quad 37\,638$$

La division de nombres décimaux

Pour diviser deux nombres décimaux, on peut calculer le quotient d'une expression équivalente dont le diviseur est un nombre naturel.

Exemple :

$$30,625 \quad \div \quad 3,5 \quad = \quad 8,75$$

| $\times 10$ | $\times 10$ |

$$306,25 \quad \div \quad 35 \quad = \quad 8,75$$

Le quotient est le même, car 306,25 ÷ 35 est une expression équivalant à 30,625 ÷ 3,5.

Il est plus simple d'effectuer une division lorsque le **diviseur** est un nombre naturel.

Dans certaines situations, il est nécessaire d'arrondir le résultat obtenu.

Arrondir un nombre à une position choisie consiste à remplacer ce nombre par une valeur approchée.

Exemple : Au centième, le nombre 37,64 est la valeur arrondie de 37,638, car 37,64 est plus proche de 37,638 que ne l'est 37,63.

Introduction à l'algèbre (p. 174 à 181)

La chaîne d'opérations

Pour résoudre un problème, plusieurs opérations peuvent s'avérer nécessaires. Si l'on traduit ces opérations par une chaîne d'opérations, il faut respecter, dans l'écriture de cette chaîne, la priorité des opérations.

La priorité des opérations

1) Effectue les calculs entre parenthèses.

2) Effectue les multiplications et les divisions dans l'ordre, de gauche à droite.

3) Effectue les additions et les soustractions dans l'ordre, de gauche à droite.

> *Exemple :* $100 - (3 \times 1{,}25 + 5 \times 12) =$
> $100 - (3{,}75 + 60) =$
> $100 - 63{,}75 =$
> $36{,}25$

La variable

Une variable est symbolisée par une lettre qui représente une valeur parmi diverses valeurs numériques.

L'expression algébrique

Une expression algébrique est une expression pouvant contenir une ou des variables et des nombres qui sont liés entre eux par des opérations.

Exemple : Dans l'expression algébrique **$4 \times a - 1$,** la lettre **a** représente la variable. C'est une donnée qui peut prendre diverses valeurs selon le contexte.

La valeur numérique d'une expression algébrique

On peut attribuer une valeur à une expression algébrique en remplaçant la ou les variables par leur valeur.

Exemple : L'expression algébrique **$4 \times a - 1$** peut avoir différentes valeurs selon la valeur de la variable.

Ainsi, si $a = 50$, l'expression vaut 199, soit $4 \times 50 - 1$;

si $a = 120$, l'expression vaut 479, soit $4 \times 120 - 1$;

si $a = 15{,}25$, l'expression vaut 60, soit $4 \times 15{,}25 - 1$.

Ma mémoire en probabilité et en statistique

Les diagrammes (p. 77 à 83)

Les diagrammes sont des outils statistiques servant à représenter l'information recueillie pour mieux comprendre un phénomène et prendre des décisions, s'il y a lieu. Il existe différents types de diagrammes, chacun ayant une utilité particulière.

1) Les diagrammes à bandes servent habituellement à décrire les effectifs observés chez une population. Les bandes peuvent être verticales ou horizontales.

2) Les diagrammes à ligne brisée servent à décrire des phénomènes qui évoluent durant une certaine période de temps. L'axe horizontal représente toujours l'échelle du temps.

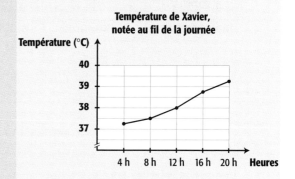

3) Les diagrammes circulaires servent à décrire la répartition d'un ensemble en différentes parties. Ils mettent en évidence la fraction ou le pourcentage que représente chaque partie par rapport au tout.

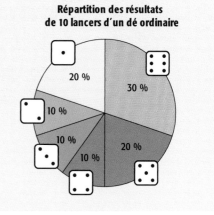

Les diagrammes circulaires (p. 183 à 187)

Pour représenter la répartition des données dans un ensemble, on utilise souvent un diagramme circulaire. Le schéma ci-dessous représente les différentes composantes d'un tel diagramme.

La mesure de l'angle au centre de chaque secteur correspond à une fraction de 360°.

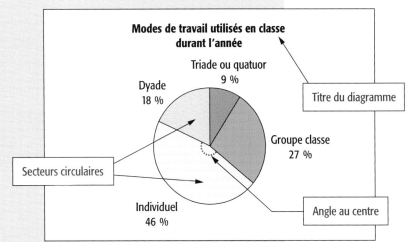

Par exemple, si l'on veut représenter 40 heures de travail effectué en groupe classe durant les 150 heures de mathématiques de l'année, l'angle doit mesurer $\frac{40}{150}$ ou $\frac{4}{15}$ de 360°, soit 96°.

Pour déterminer le pourcentage du temps alloué au travail en groupe classe, on peut procéder ainsi :

$$\frac{4}{15} = 4 \div 15 = 0{,}266666\ldots$$

En arrondissant au centième, on obtient 0,27.

Cela correspond à la fraction $\frac{27}{100}$, soit 27 %.

Ma mémoire en géométrie

Les quadrilatères (p. 85 à 92)

La définition

En géométrie, une définition est un ensemble d'attributs qui permet de distinguer un type de figures parmi d'autres.

Exemple : Voici la définition conventionnelle de quelques quadrilatères.

TYPES DE QUADRILATÈRES	DÉFINITIONS
	QUADRILATÈRE CONVEXE AYANT…
Trapèze	au moins deux côtés parallèles.
Parallélogramme	deux paires de côtés parallèles.
Cerf-volant	deux paires de côtés adjacents isométriques.
Rectangle	quatre angles droits.
Losange	quatre côtés isométriques.
Carré	quatre côtés isométriques et quatre angles droits.

Les propriétés

Lorsqu'on associe un attribut à un type de figure, on obtient une propriété.

Exemple : Dans un losange, les diagonales sont perpendiculaires.

Selon sa définition et ses propriétés, une figure géométrique peut porter différents noms. *Exemple :* Un carré est une sorte de losange, de rectangle, de cerf-volant, de parallélogramme et de trapèze.

Le cercle (p. 93 à 98)

Lorsqu'on se sert d'un compas pour tracer un arc ou un cercle, la longueur de l'écartement du compas correspond au rayon désiré.

Quelques mots du vocabulaire relatif au cercle

Cercle : une ligne courbe fermée dont tous les points sont à égale distance du point intérieur appelé le centre.

Rayon : un segment de droite reliant le centre à un point du cercle.

Diamètre : un segment de droite reliant deux points du cercle et passant par le centre.

Rayon et diamètre : deux termes désignant aussi la longueur des segments auxquels ils sont associés.

Arc : une portion du cercle comprise entre deux points du cercle.

Disque : une région du plan limitée par un cercle.

Secteur circulaire : une partie du disque comprise entre deux rayons.

Angle au centre : un angle formé par deux rayons du cercle.

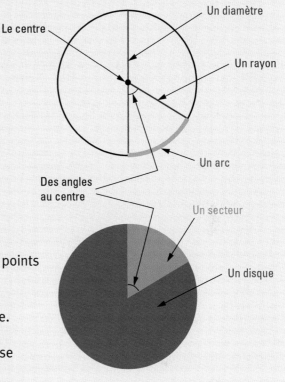

Les frises et les transformations géométriques (p. 189 à 194)

La rotation

Une rotation est une transformation géométrique définie par un centre de rotation et un angle de rotation.

On peut produire des frises à l'aide de réflexions, de translations ou de rotations de 180°.

Exemple: La frise ci-dessous a été produite par des rotations de 180°.

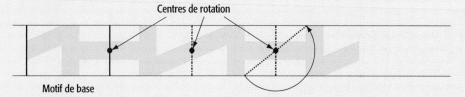

Centres de rotation

Motif de base

L'invariance par une transformation géométrique

Il y a différentes sortes de frises. Une frise peut être caractérisée par le fait qu'elle est invariante par certaines transformations géométriques et pas par d'autres.

Exemple: Cette frise est invariante par translation et par réflexion d'axe horizontal seulement.

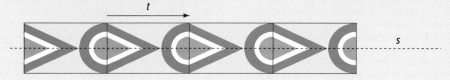

Les dallages et les transformations géométriques (p. 195 à 203)

À partir de certains polygones, il est possible de produire des dallages par rotation, par translation ou par réflexion.

La rotation

Pour définir précisément une rotation, on donne le centre, l'angle et le sens de la rotation.

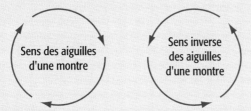

Sens des aiguilles d'une montre

Sens inverse des aiguilles d'une montre

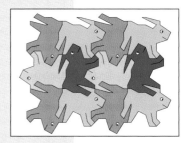

La translation

Pour définir précisément une translation, on donne la direction, le sens et la longueur de la translation. Ces renseignements peuvent être résumés par une flèche de translation.

La réflexion

Pour définir précisément une réflexion, il suffit de donner l'axe de réflexion.

Toutes ces transformations géométriques conservent la mesure des segments et des angles de la figure initiale, ainsi que son aire.

L'aire des triangles et des quadrilatères (p. 204 à 210)

Il existe une relation entre l'aire d'un polygone et la mesure de certains segments associés à ce polygone. Cette relation dépend du type de polygone considéré.

Le parallélogramme

Aire = mesure de la base × hauteur

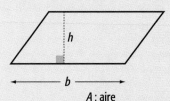

A : aire
b : mesure de la base
h : hauteur

La base d'un parallélogramme est n'importe lequel de ses côtés.
La hauteur est la distance entre le côté considéré et le côté qui lui est parallèle.

Le triangle

La base d'un triangle est n'importe lequel de ses côtés.
La hauteur est la distance entre le côté considéré et le sommet opposé.

Le trapèze

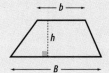

Les bases d'un trapèze sont ses deux côtés parallèles.
La hauteur est la distance entre ces deux côtés.

Le cerf-volant

Aire = mesure d'une diagonale × mesure de l'autre diagonale ÷ 2

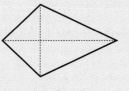

$$A = \frac{D \times d}{2}$$

A : aire
D : mesure de la grande diagonale
d : mesure de la petite diagonale

CORRIGÉ

Partie 3

Page 275 – Je vérifie mes connaissances
a) $-14,2 < -12,4$
b) $-3,12 > -3,6$
c) $-5,1 < 1,5$
d) $0 > -0,01$

Page 276 – Je vérifie mes connaissances
1. Non, ils n'ont pas assez d'argent. Il leur manquera 0,45 $.
2. a) 11,5 b) $-31,65$ c) $-9,2$ d) 17,71

Page 277 – Je vérifie mes connaissances
1. a) Il a perdu 4,20 $.   c) Il a perdu 6,35 $.
   b) Il a perdu 1,30 $.   d) Il a gagné 0,85 $.
2. a) $-19,5$ b) 6,6 c) $-2,8$ d) 5,4

Page 282 – Je vérifie mes connaissances
a) $\frac{7}{30}, \frac{9}{30}, \frac{11}{20}, \frac{19}{30}$ et $\frac{17}{20}$.

b) $\frac{5}{49}, \frac{5}{18}, \frac{5}{12}, \frac{5}{8}$ et $\frac{5}{6}$.

c) $\frac{2}{3}, \frac{3}{4}, \frac{4}{5}, \frac{10}{11}$ et $\frac{99}{100}$.

d) $\frac{1}{3}, \frac{3}{8}, \frac{5}{12}, \frac{3}{4}$ et $\frac{5}{6}$.

Page 283 – Je vérifie mes connaissances
Les réponses ont été arrondies au millième.

Notation décimale	0,8 m	0,222 km	0,429 L	2,125 kg	1,75 m	0,313 L
Notation fractionnaire	$\frac{4}{5}$ m	$\frac{2}{9}$ km	$\frac{3}{7}$ L	$2\frac{1}{8}$ kg	$1\frac{3}{4}$ m	$\frac{5}{16}$ L

Page 288 – Je vérifie mes connaissances
a) La photographie occupe $\frac{1}{14}$ de l'affiche.

b) La photographie occupe les $\frac{3}{8}$ de l'affiche.

Page 289 – Je vérifie mes connaissances
1. a) $9\frac{1}{3}$ b) $28\frac{3}{4}$ c) $33\frac{11}{18}$ d) $10\frac{1}{2}$

2. Plusieurs réponses possibles selon l'unité choisie.

Page 294 – Je vérifie mes connaissances
a) 1) Plus d'une fois.

2) $\frac{3}{4} \div \frac{1}{2}$

3) $\frac{3}{4} \div \frac{1}{2} = \frac{3}{4} \div \frac{2}{4} = 3 \div 2 = 1\frac{1}{2}$

b) 1) Plus d'une fois.

2) $\frac{5}{8} \div \frac{1}{4}$

3) $\frac{5}{8} \div \frac{1}{4} = \frac{5}{8} \div \frac{2}{8} = 5 \div 2 = 2\frac{1}{2}$

c) 1) Plus d'une fois.

2) $\frac{2}{5} \div \frac{1}{3}$

3) $\frac{2}{5} \div \frac{1}{3} = \frac{6}{15} \div \frac{5}{15} = 6 \div 5 = 1\frac{1}{5}$

d) 1) Moins d'une fois.

2) $\frac{1}{6} \div \frac{3}{4}$

3) $\frac{1}{6} \div \frac{3}{4} = \frac{2}{12} \div \frac{9}{12} = 2 \div 9 = \frac{2}{9}$

Page 295 – Je vérifie mes connaissances
a) $15 \div \frac{3}{5} = 75 \div 3 = 25$

b) $20 \div \frac{5}{6} = 120 \div 5 = 24$

c) $12 \div \frac{8}{9} = 108 \div 8 = 13\frac{1}{2}$

d) $48 \div \frac{7}{12} = 576 \div 7 = 82\frac{2}{7}$

Page 301 – Je vérifie mes connaissances
Chaque morceau aurait dû mesurer 1,16 m.

Page 302 – Je vérifie mes connaissances
a) Les athlètes du premier groupe ont été les plus rapides, par 0,16 s en moyenne.

b) Le temps moyen des athlètes a été de 7,74 s environ.

Page 307 – Je vérifie mes connaissances
1. a) Activité de construction.
   b) Une fois les angles juxtaposés, l'angle formé est plat.
   c) La somme des mesures des angles est 180°.
2. L'angle **A** mesure 70°.

Page 308 – Je vérifie mes connaissances
1. L'angle **B** mesure 30° et l'angle **A**, 120°.
2. Les angles **F** et **E** mesurent chacun 70°.

Page 313 – Je vérifie mes connaissances
1. La précision des résultats varie selon la valeur approximative de π utilisée.
   a) La roue avant ferait près de 61 000 tours complets pour parcourir les 48 km du Tour de l'île.
   b) La roue avant ferait plus de 30 500 tours complets pour parcourir les 48 km du Tour de l'île.
   c) Il faudra plus de 20 000 tours complets de la roue avant pour parcourir les 48 km du Tour de l'île.
2. On parcourt environ 251 m.

Page 314 – Je vérifie mes connaissances
1. Réponses obtenues en utilisant 3,1416 comme valeur approximative de π et données au centimètre près.
   a) ≈ 6 cm b) ≈ 13 cm c) $\approx 3,34$ m d) $\approx 8,20$ m
2. a) ≈ 3 cm b) $\approx 6,5$ cm c) $\approx 1,67$ m d) $\approx 4,10$ m

Page 319 – Je vérifie mes connaissances

a) et **b)** Plusieurs réponses possibles. *Exemple :*

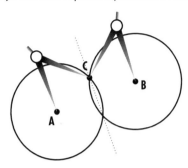

Le point **C** est à égale distance de **A** et de **B**.

c) **1)** En reliant l'ensemble des points tracés en **a)**, on obtient une droite.

2) Deux points auraient suffi pour tracer cette droite.

Page 320 – Je vérifie mes connaissances

a) et **b)** On remarque que les médiatrices se rencontrent en un seul point.

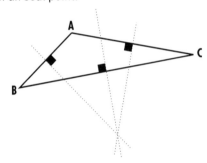

Partie 4

Page 377 – Je vérifie mes connaissances

1. Le nombre doit être divisible par 3 et par 5. Plus précisément, la somme de ses chiffres doit être divisible par 3 et le dernier chiffre doit être un 0 ou un 5.

2. **a)** Oui.　　**c)** Non.　　**e)** Oui.

　　b) Non.　　**d)** Oui.

Page 378 – Je vérifie mes connaissances

Le premier nombre premier supérieur à 200 est 211.

Page 384 – Je vérifie mes connaissances

a) Oui.　　　**b)** Non.　　　**c)** Oui.

Page 385 – Je vérifie mes connaissances

a) **1)** 45 m　**2)** 7,5 m　**3)** 112,5 m　**4)** 450 m

b) **1)** 8 cm　**2)** 4 mm　**3)** 3,3 cm environ.　**4)** 2 mm

Page 391 – Je vérifie mes connaissances

a) Il est préférable de choisir l'urne **B**.

b) Il est préférable de choisir l'urne **A**.

Page 392 – Je vérifie mes connaissances

a) **1)** $\frac{5}{36}$　**2)** $\frac{6}{36}$ ou $\frac{1}{6}$.　**3)** $\frac{6}{36}$ ou $\frac{1}{6}$.　**4)** $\frac{9}{36}$ ou $\frac{1}{4}$.

b) Le moins probable est l'événement **1)**, suivi à égalité des événements **2)** et **3)**, puis de l'événement **4)**.

Page 396 – Je vérifie mes connaissances

Il y avait six tours contenant des cubes de deux couleurs seulement.

Page 397 – Je vérifie mes connaissances

a) Le nombre de codes possibles est 216.

b) Le nombre de codes possibles est 120.

Page 403 – Je vérifie mes connaissances

a) et **b)** Plusieurs représentations possibles. *Exemple :* Les angles 1 et 3 mesurent 15°. Les angles 2 et 4 mesurent 165°.

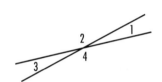

Page 405 – Je vérifie mes connaissances

a) Plusieurs justifications possibles.

- m $\angle$ 1 = 130° ;
- m $\angle$ 2 = 50° ;
- m $\angle$ 3 = 130° ;
- m $\angle$ 4 = 50° ;
- m $\angle$ 5 = 130° ;
- m $\angle$ 6 = 50° ;
- m $\angle$ 7 = 130°.

b) Activité d'échange et de coopération.

Glossaire*

Abscisse
L'abscisse d'un point est le nombre qui indique son emplacement sur la droite numérique (voir p. 270).

Aire
Mesure de la surface d'une figure. On peut décomposer une figure en plusieurs régions et obtenir l'aire de cette figure en réalisant la somme des aires de ces régions (voir p. 206 et 444). *Voir* Unité de mesure.

Angle
Lorsque deux lignes droites sont issues d'un même point, l'écartement entre ces deux lignes détermine un angle. Plus les lignes sont écartées, plus l'angle est grand. Le point de rencontre de ces deux lignes est appelé le « sommet de l'angle » et chacune des parties de ligne déterminant l'écartement est appelée le « côté de l'angle ». *Voir* Unité de mesure.

Angle aigu
Angle plus petit qu'un angle droit (entre 0° et 90°).

Angle au centre
Angle formé par deux rayons d'un cercle (voir p. 95 et 441).

Angle de rotation
Angle qui décrit le sens et la grandeur d'une rotation. On utilise souvent un nombre de degrés pour décrire la grandeur d'une rotation.

Angle droit
Angle équivalant à la moitié d'un angle plat, soit 90°.

Angle intérieur d'un polygone
Angle formé par deux côtés consécutifs à l'intérieur d'un polygone.

Angle obtus
Angle plus grand qu'un angle droit, mais plus petit qu'un angle plat (entre 90° et 180°).

Angle plat
Angle formant une ligne droite (180°).

Angle plein
Angle équivalant à deux angles plats (360°).

Angle rentrant
Angle plus grand qu'un angle plat, mais plus petit qu'un angle plein (entre 180° et 360°).

Angles adjacents
Dans un plan, deux angles sont dits adjacents s'ils ont le même sommet et un côté en commun, et se situent de part et d'autre de ce côté commun (voir p. 395).

Angles alternes-internes
Lorsque dans un plan deux droites sont coupées par une sécante, deux angles sont dits alternes-internes s'ils ne sont pas adjacents et s'ils sont situés de part et d'autre de la sécante à l'intérieur de la région délimitée par les deux droites (voir p. 398).

Angles alternes-externes
Lorsque dans un plan deux droites sont coupées par une sécante, deux angles sont dits alternes-externes s'ils ne sont pas adjacents et s'ils sont situés de part et d'autre de la sécante à l'extérieur de la région délimitée par les deux droites (voir p. 398).

Angles complémentaires
Paire d'angles qui formeraient un angle droit si on les disposait de telle sorte qu'ils soient adjacents.

Angles correspondants
Lorsque dans un plan deux droites sont coupées par une sécante, deux angles sont dits correspondants s'ils ne sont pas adjacents, si l'un est interne et l'autre, externe, et qu'ils sont situés du même côté de la sécante (voir p. 398).

Angles opposés par le sommet
Lorsque dans un plan deux droites se coupent, elles déterminent quatre angles plus petits qu'un angle plat. Deux de ces angles sont dits opposés par le sommet s'ils ont pour sommet le point de rencontre des deux droites et n'ont aucun côté en commun (voir p. 398).

Angles supplémentaires
Paire d'angles qui formeraient un angle plat si on les disposait de telle sorte qu'ils soient adjacents (voir p. 402).

Arc de cercle
Portion du cercle comprise entre deux des points du cercle (voir p. 95 et 441).

Arrondissement
Arrondir un nombre à une position choisie consiste à remplacer ce nombre par une valeur approchée. *Exemple :* Le nombre 14 est la valeur arrondie à l'unité de 14,3, car 14 est plus près de 14,3 que ne l'est 15 (voir p. 169).

Attribut d'une figure géométrique
Ce qui peut être constaté relativement à une figure géométrique : une particularité, une qualité, etc. (voir p. 88).

---

* Les termes du glossaire sont abordés dans l'un ou l'autre des deux volumes du Manuel de l'élève A.
  Les pages 1 à 214 se trouvent dans le volume 1.

Axe de symétrie

Droite selon laquelle une figure géométrique est invariante par une réflexion ayant cette droite pour axe de réflexion.

Base d'une figure géométrique

Élément à considérer dans une figure géométrique à des fins de mesure ou de définition.

Dans un parallélogramme ou dans un triangle, la base peut être n'importe quel côté (voir p. 206).

Dans un trapèze, il y a deux bases : ce sont les deux côtés parallèles (voir p. 206).

Caractère de divisibilité

Propriété des nombres naturels qui sont divisibles par un nombre donné (voir p. 371). *Exemples :* Un nombre est divisible par

3 si la somme de ses chiffres est divisible par 3 ;

4 si les deux derniers chiffres forment un nombre divisible par 4 ;

6 si le nombre est divisible par 2 et par 3 ;

8 si les trois derniers chiffres forment un nombre divisible par 8 ;

9 si la somme de ses chiffres est divisible par 9 ;

12 si le nombre est divisible par 3 et par 4.

Carré

Quadrilatère ayant quatre côtés isométriques et quatre angles droits (voir p. 88). L'aire d'un carré peut se calculer comme l'aire d'un parallélogramme ou comme l'aire d'un cerf-volant (voir p. 206).

Carré d'un nombre

On obtient le carré d'un nombre en multipliant ce nombre par lui-même. *Exemple :* Le carré de 5 est 25, car $5 \times 5 = 25$.

Cercle

Ligne courbe fermée dont tous les points sont à égale distance du point intérieur appelé le centre (voir p. 95 et 441).

Cerf-volant

Quadrilatère convexe ayant deux paires de côtés adjacents isométriques. Voici comment calculer l'aire d'un cerf-volant.

$$A = \frac{D \times d}{2}$$

où A : aire

D : mesure de la grande diagonale

d : mesure de la petite diagonale

(voir p. 88, 206 et 444).

Chaîne d'opérations

Écriture mathématique comportant plusieurs opérations. *Exemple :* $10 - (3 \times 1{,}25 + 2)$ est une chaîne d'opérations (voir p. 177 et 437).

Chiffre

Caractère utilisé dans l'écriture des nombres. Il existe 10 chiffres dans notre système de numération (de 0 à 9).

Circonférence

Longueur du cercle. On peut exprimer la relation entre cette longueur et le diamètre par l'expression $C = d \times \pi$ où C représente la circonférence, d, le diamètre, et π, la constante pi (voir p. 307).

Conjecture

Une conjecture est une supposition fondée sur les apparences ou sur des intuitions. Ce n'est pas une certitude.

Contre-exemple

Un contre-exemple est un exemple qui contredit une affirmation.

Corde d'un cercle

Segment droit reliant deux points du cercle. Il est à noter que la plus grande corde d'un cercle est un diamètre.

Côtés adjacents

Dans un polygone, paire de côtés qui ont une seule extrémité en commun.

Cube

Solide dont les six faces sont des carrés isométriques.

Cube d'un nombre

On obtient le cube d'un nombre en multipliant ce nombre deux fois par lui-même. Le cube de 4 est 64, car $4 \times 4 \times 4 = 64$.

Dallage

Recouvrement du plan avec des polygones sans superposition et sans surface libre (voir p. 199).

Définition d'une figure géométrique

Ensemble d'attributs qui permet de distinguer un type de figures parmi d'autres (voir p. 88 et 440).

Deltoïde

Quadrilatère non convexe ayant deux paires de côtés adjacents isométriques.

Dénominateur

Une fraction est composée d'un numérateur et d'un dénominateur. Le dénominateur indique en combien de parties équivalentes le tout a été subdivisé. *Exemple :* Dans la fraction $\frac{3}{4}$, le terme 4 est le dénominateur.

Diagonale

Segment de droite qui relie deux sommets non consécutifs d'un polygone.

Dans un parallélogramme, les diagonales se coupent en leur milieu.

Dans un rectangle, les diagonales sont isométriques et elles se coupent en leur milieu.

Dans un cerf-volant, les diagonales sont perpendiculaires.

Dans un losange, les diagonales sont perpendiculaires et elles se coupent en leur milieu.

Dans un carré, les diagonales sont perpendiculaires, elles sont isométriques et elles se coupent en leur milieu.

Diagramme en arbre

Représentation schématique ordonnée des différents cas possibles d'une situation (voir p. 390).

Diagramme statistique

Représentation schématique d'un ensemble de données. Il y a diverses sortes de diagrammes : le diagramme à bandes, le diagramme à ligne brisée, le diagramme circulaire, etc. Tous permettent de visualiser les données qu'ils représentent (voir p. 79, 185, 438 et 439).

Diamètre

Segment droit reliant deux points du cercle et passant par le centre. Le diamètre peut aussi désigner la longueur de ce segment (voir p. 95 et 441).

Différence

Résultat de la soustraction de deux nombres.

Dimension

Terme désignant chacune des grandeurs décrivant une figure ou un objet, soit la longueur, la largeur, la profondeur ou la hauteur.

Disque

Région du plan limitée par un cercle (voir p. 95 et 441).

Distance

Nombre exprimant la longueur du plus court segment joignant un objet à un autre.

Dividende

Dans une division, nom donné au nombre qui est divisé par un autre. Dans la division $48 \div 6$, 48 est le dividende.

Diviseur

Dans une division, nom donné au nombre qui en divise un autre. Dans la division $45 \div 6$, 6 est le diviseur. Il arrive souvent que l'on cherche les diviseurs entiers d'un nombre. Dans ce cas, on cherche les diviseurs qui divisent entièrement ce nombre, sans reste. *Exemple :* Le nombre 6 est un diviseur de 48, mais le nombre 5 ne l'est pas.

Droite

Ligne formée d'une infinité de points alignés dans un plan.

Droite numérique

Droite graduée avec un ensemble de nombres. La droite numérique graduée avec des nombres entiers peut aider à comparer entre eux des nombres négatifs et des nombres positifs (voir p. 270).

Écart

Nombre d'unités qui séparent deux valeurs. Sur une droite numérique, l'écart entre deux valeurs correspond à la distance qui les sépare.

Estimation

Valeur approchée d'une grandeur que l'on accepte comme suffisante pour diverses raisons. On acceptera une telle valeur si, par exemple, la valeur exacte n'est pas nécessaire, ou si elle est impossible à trouver, ou encore si l'on souhaite faire une validation de la valeur recherchée.

Événement

Ensemble de résultats possibles d'une expérience aléatoire. Il est à noter qu'un événement peut ne comporter aucun résultat ou en comporter un seul (voir p. 384).

Expérience aléatoire

Expérience dont le résultat est déterminé seulement par le hasard.

Exposant

Nombre de fois qu'apparaît un nombre dans une multiplication répétée de ce nombre. *Exemple :* $2 \times 2 \times 2 \times 2 \times 2$ peut s'écrire 2^5 et se lit « 2 exposant 5 ». Le nombre 5 est un exposant.

Expression algébrique

Une expression algébrique est une expression pouvant contenir des nombres et une ou des variables qui sont tous liés entre eux par des opérations (voir p. 177 et 437).

Facteur

Chacun des termes qui intervient dans une multiplication. Par exemple, l'expression $72 = 2 \times 3 \times 3 \times 4$ est une décomposition de 72 en quatre facteurs, soit 2, 3, 3 et 4. La décomposition de 72 en facteurs premiers est $72 = 2 \times 3 \times 3 \times 2 \times 2$. Elle comprend cinq facteurs qui sont des nombres premiers.

Fractions

Une fraction est une partie d'un tout. Ce tout peut être constitué d'un seul objet ou d'une collection d'objets.

Addition et soustraction : Pour additionner ou soustraire des fractions, on peut utiliser des fractions équivalentes ayant toutes un dénominateur commun. Dès lors, il suffit d'additionner les numérateurs (voir p. 157 et 434).

Comparaison : Il existe plusieurs façons de comparer des fractions. Selon la situation et les fractions à comparer, trouver des fractions équivalentes ayant un dénominateur commun n'est pas toujours la façon la plus simple à utiliser (voir p. 276).

Division : Pour diviser par une fraction, il faut trouver le nombre de fois que cette fraction est contenue dans le dividende (voir p. 288 et 436).

Équivalentes : Des fractions sont équivalentes si elles représentent la même partie d'un tout. *Exemples :* $\frac{3}{4}$, $\frac{9}{12}$, $\frac{75}{100}$ et $\frac{651}{868}$ sont des fractions équivalentes.

Irréductible : Une fraction irréductible est la plus simple façon de décrire la partie d'un tout. Parmi toutes les fractions équivalentes possibles, c'est celle dont le numérateur et le dénominateur sont les plus petits. Par exemple, parmi les fractions équivalentes $\frac{3}{4}$, $\frac{9}{12}$, $\frac{75}{100}$ et $\frac{651}{868}$, $\frac{3}{4}$ est une fraction irréductible.

Multiplication : Pour multiplier des fractions, on multiplie les numérateurs entre eux et les dénominateurs entre eux (voir p. 282 et 436).

Unitaire : Une fraction unitaire est une fraction dont le numérateur est égal à 1.

Frise
Selon son sens mathématique, une frise est constituée d'un motif qui se répète à l'infini, formant ainsi une bande continue et ordonnée. On peut utiliser des transformations géométriques (translation, rotation, réflexion, etc.) pour produire des frises (voir p. 191 et 442).

Hauteur d'une figure géométrique
Dimension d'une figure géométrique.

Dans un parallélogramme, une hauteur est la distance entre le côté considéré et le côté qui lui est parallèle (voir p. 206).

Dans un triangle, une hauteur est la distance entre le côté considéré ou son prolongement et le sommet opposé. La hauteur peut désigner aussi le segment reliant perpendiculairement ce sommet et cette base ou son prolongement (voir p. 206).

Dans un trapèze, la hauteur est la distance entre les deux bases (voir p. 206).

Hexagone
Polygone à six côtés. Dans un hexagone régulier, tous les angles intérieurs sont isométriques et tous les côtés sont isométriques.

Image d'une figure par une transformation géométrique
Figure obtenue par la transformation d'une figure initiale donnée.

Invariance d'une figure
Une figure géométrique est invariante par une transformation géométrique si son image, par cette transformation, coïncide exactement avec la figure initiale (voir p. 191 et 442).

Isométriques
Des figures sont isométriques si elles ont exactement la même forme et les mêmes dimensions.

Losange
Quadrilatère ayant quatre côtés isométriques (voir p. 88). L'aire du losange peut se calculer comme l'aire d'un cerf-volant (voir p. 206).

Médiatrice
Une médiatrice est l'ensemble de tous les points équidistants de deux points donnés.

La médiatrice d'un segment est une droite perpendiculaire au segment passant par son milieu (voir p. 313).

Moyenne arithmétique
La moyenne arithmétique d'un ensemble de données est une valeur représentative de ces données. Plus précisément, c'est la valeur unique qui pourrait remplacer chacune des données de l'ensemble si l'on voulait conserver la même somme (voir p. 295).

Nombre décimal
Nombre dont l'écriture comporte une partie entière et une partie fractionnaire (ou partie décimale), ces deux parties étant séparées par une virgule. Voici la décomposition du nombre décimal 23,65.
$$23{,}65 = (2 \times 10) + (3 \times 1) + \left(6 \times \frac{1}{10}\right) + \left(5 \times \frac{1}{100}\right)$$

Addition et soustraction : Pour additionner ou soustraire des nombres décimaux, il suffit d'additionner les chiffres occupant la même position dans les nombres.

Division : Pour diviser deux nombres décimaux, on peut calculer le quotient d'une expression équivalente dont le diviseur est un nombre naturel (voir p. 169 et 436).

Multiplication : Pour multiplier deux nombres décimaux, on peut calculer le produit de deux nombres naturels, puis ajuster ce produit en tenant compte des décimales (voir p. 169 et 436).

Nombre fractionnaire
Nombre dont l'écriture comporte un entier et une fraction. Par exemple, la quantité deux litres et trois quarts peut s'écrire $2\frac{3}{4}$ litres. On peut aussi exprimer le nombre fractionnaire $2\frac{3}{4}$ par l'expression équivalente $2 + \frac{3}{4}$, ce qui peut être utile pour effectuer certaines opérations.

Nombre premier
Nombre qui possède exactement deux diviseurs : 1 et lui-même. Un nombre qui possède plus de deux diviseurs est appelé un nombre composé (voir p. 371).

Nombres négatifs

Les nombres négatifs permettent d'exprimer des quantités inférieures à zéro. Par exemple, une température de ⁻6,5 °C est une température qui est de 6,5 °C inférieure à 0 °C. Pour comparer des nombres négatifs ou positifs, on peut utiliser la droite numérique (voir p. 270).

Notation décimale

Représentation d'une grandeur à l'aide d'un nombre décimal.

Notation exponentielle

Représentation d'une grandeur à l'aide d'un exposant.

Notation fractionnaire

Représentation d'une grandeur à l'aide d'une fraction (avec un numérateur et un dénominateur).

Numérateur

Une fraction est composée d'un numérateur et d'un dénominateur. Le numérateur indique le nombre de parties à considérer dans la subdivision du tout. *Exemple :* Dans la fraction $\frac{3}{4}$, le terme 3 est le numérateur. Le tout a été subdivisé en quatre parties équivalentes et il faut considérer trois de ces quatre parties.

Octogone

Polygone à huit côtés. Dans un octogone régulier, tous les angles intérieurs sont isométriques et tous les côtés sont isométriques.

Ordre de grandeur

L'ordre de grandeur est une approximation d'une grandeur qui correspond à la puissance de 10 la plus rapprochée de cette grandeur. Par exemple, l'ordre de grandeur de la population mondiale est de 10^{10}, soit 10 milliards (voir p. 346).

Parallélogramme

Quadrilatère ayant deux paires de côtés parallèles. Voici comment calculer l'aire d'un parallélogramme.

$A = b \times h$
où A : aire
b : mesure de la base
h : hauteur
(voir p. 88, 206 et 444).

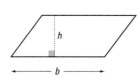

Pentagone

Polygone à cinq côtés. Dans un pentagone régulier, tous les angles intérieurs sont isométriques et tous les côtés sont isométriques.

Périmètre

Longueur du contour d'une figure géométrique.

pi

Le nombre de fois que le diamètre d'un cercle «entre» dans la circonférence de ce même cercle est symbolisé par la lettre grecque π, que l'on prononce «pi». Selon les besoins, les approximations de π les plus fréquemment utilisées sont 3,14 ou 3,1416, ou encore $3\frac{1}{7}$ (voir p. 307).

Polygone

Ligne brisée fermée tracée sur une surface plane. Pour déterminer si un polygone est convexe ou non convexe, on peut prolonger chacun de ses côtés. Si une ligne passe dans sa région intérieure, alors il est non convexe. Sinon il est convexe. Un polygone est régulier si tous ses angles intérieurs sont isométriques et si tous ses côtés sont isométriques.

Pourcentage

Comme les fractions, les pourcentages peuvent servir à décrire la partie d'un tout. On considère alors que le tout a été subdivisé en 100 parties équivalentes. Pour comparer des pourcentages, il importe de savoir à quel tout chacun d'eux fait référence (voir p. 71 et 433).

Priorité des opérations

Lorsqu'on effectue les calculs d'une chaîne d'opérations ou que l'on traduit un raisonnement à l'aide d'une telle chaîne, il faut tenir compte de la priorité des opérations, c'est-à-dire procéder selon l'ordre ci-dessous.

1) Effectuer les calculs entre parenthèses.

2) Effectuer les multiplications et les divisions dans l'ordre, de gauche à droite.

3) Effectuer les additions et les soustractions dans l'ordre, de gauche à droite (voir p. 177 et 437).

Probabilité d'un événement

Dans le contexte d'une expérience aléatoire, la probabilité d'un événement est une valeur indiquant la possibilité, plus ou moins grande, que l'événement se produise. Elle peut s'exprimer à l'aide d'une fraction (voir p. 385).

Produit

Résultat de la multiplication de deux nombres.

Propriété d'une figure géométrique

Ce qui est propre à un type de figure géométrique (voir p. 88 et 438).

Puissance

Si l'on effectue une multiplication répétée d'un nombre par lui-même, le résultat obtenu s'appelle une puissance de ce nombre. Par exemple, $2 \times 2 \times 2 \times 2 = 16$, alors 16 est une puissance de 2. De la même façon, $10 \times 10 \times 10 = 1000$, alors 1000 est une puissance de 10.

Quadrilatère

Polygone ayant quatre côtés (voir p. 88 et 440).

Quotient

Résultat de la division d'un nombre par un autre.

Rayon

Segment droit reliant le centre à un point du cercle. Le rayon peut aussi désigner la longueur de ce segment (voir p. 95 et 441).

Rectangle

Quadrilatère ayant quatre angles droits (voir p. 88). L'aire du rectangle peut se calculer comme celle du parallélogramme (voir p. 206).

Réflexion

Une réflexion est une transformation géométrique définie par un axe de réflexion (voir p. 191, 199 et 443).

Rotation

Une rotation est une transformation géométrique définie par un centre de rotation, un angle de rotation et le sens de rotation (voir p. 191, 199, 442 et 443).

Sécante

Une sécante est une droite qui coupe une figure.

Secteur circulaire

Partie du disque comprise entre deux rayons (voir p. 95 et 441).

Situation de proportionnalité

Dans une situation de proportionnalité, il existe un lien particulier entre deux quantités. Si l'on multiplie ou divise l'une de ces quantités par un nombre donné, l'autre sera multipliée ou divisée par ce même nombre. On dit alors de ces quantités qu'elles sont proportionnelles (voir p. 378).

Somme

Résultat de l'addition de deux nombres.

Sommet d'un polygone

Point de rencontre de deux côtés adjacents d'un polygone.

Taux

Comparaison entre deux quantités de nature différente. Par exemple, la vitesse en km/h est un taux. Un tel taux permet, par exemple, de comparer le nombre de kilomètres parcourus et le temps écoulé pour les parcourir (voir p. 55 et 432).

Terme d'une opération

Chacun des nombres intervenant dans une opération d'addition ou de soustraction. Par exemple, dans la chaîne d'opérations $15 - 4 + 2$, il y a trois termes.

Translation

Une translation est un glissement de tous les points d'une figure. C'est une transformation géométrique définie par une direction, un sens et une longueur. Ces renseignements sont fournis par une flèche de translation (voir p. 191, 199 et 443).

Trapèze

Quadrilatère ayant au moins deux côtés parallèles. Un trapèze isocèle a au moins un axe de symétrie perpendiculaire aux bases. Un trapèze rectangle a au moins un angle droit. Voici comment calculer l'aire d'un trapèze.

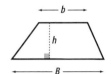

$$A = \frac{(B + b) \times h}{2}$$

où A : aire

B : mesure de la grande base

b : mesure de la petite base

h : hauteur

(voir p. 88, 206 et 444).

Triangle

Polygone ayant trois côtés.

Dans un triangle isocèle, au moins deux côtés sont isométriques.

Dans un triangle équilatéral, les trois côtés sont isométriques.

Dans un triangle scalène, les trois côtés sont de différentes longueurs.

Dans un triangle rectangle, un des angles intérieurs est droit.

Dans un triangle acutangle, les trois angles intérieurs sont aigus.

Dans un triangle obtusangle, un angle intérieur est obtus.

Voici comment calculer l'aire du triangle.

$$A = \frac{b \times h}{2}$$

où A : aire

b : mesure de la base

h : hauteur

(voir p. 88, 206 et 444).

Unité de mesure

Grandeur servant de référence à la mesure d'autres grandeurs du même type (*voir* Unités de mesure conventionnelles, p. 453).

Variable

Une variable est symbolisée par une lettre qui représente une valeur parmi diverses valeurs numériques (voir p. 177 et 437).

Unités de mesure conventionnelles

Longueur

Le mètre (m) est l'unité de base pour mesurer les longueurs.

Un millimètre (mm) équivaut à $\frac{1}{1000}$ de mètre.

Un centimètre (cm) équivaut à $\frac{1}{100}$ de mètre.

Un décimètre (dm) équivaut à $\frac{1}{10}$ de mètre.

Un décamètre (dam) équivaut à 10 mètres.

Un hectomètre (hm) équivaut à 100 mètres.

Un kilomètre (km) équivaut à 1000 mètres.

Aire

Le mètre carré (m²) est l'unité de base pour mesurer les aires.

Un mètre carré est l'aire d'un carré de un mètre de côté.

Un millimètre carré (mm²) équivaut à $\frac{1}{1\,000\,000}$ de mètre carré.

Un centimètre carré (cm²) équivaut à $\frac{1}{10\,000}$ de mètre carré.

Un décimètre carré (dm²) équivaut à $\frac{1}{100}$ de mètre carré.

Un décamètre carré (dam²) équivaut à 100 mètres carrés.

Un hectomètre carré (hm²) équivaut à 10 000 mètres carrés.

Un kilomètre carré (km²) équivaut à 1 000 000 de mètres carrés.

Capacité

Le litre (L) est l'unité de base pour mesurer les capacités.

Un litre est la capacité d'un récipient cubique de un décimètre de côté.

Un millilitre (mL) équivaut à $\frac{1}{1000}$ de litre.

Un kilolitre (kL) équivaut à 1000 litres.

Masse

Le kilogramme (kg) est l'unité de base pour mesurer les masses.

Un kilogramme équivaut approximativement à la masse d'un litre d'eau pure.

Un gramme (g) équivaut à $\frac{1}{1000}$ de kilogramme.

Une tonne (t) équivaut à 1000 kilogrammes

Angle

Le degré est l'unité de base pour mesurer les angles.

Un degré équivaut à $\frac{1}{360}$ d'un angle plein.

Temps

La seconde (s) est l'unité de base pour mesurer le temps.

Une minute (min) équivaut à 60 secondes.

Une heure (h) équivaut à 60 minutes.

Une journée (d) équivaut à 24 heures.

Une année équivaut approximativement à $365\frac{1}{4}$ jours.

Index*

A

Abscisse, 278
Addition, 18, 58, 61
   de fractions, 155
Aire, 151, 204
Algèbre, 174, 268, 418
   chaîne d'opérations, 177
   priorité des opérations, 177
Angle, 353, 369
   au centre, 95
   de rotation, 189, 191
   identification, 307
   plat, 189
   propriétés, 403
Angles
   adjacents, 403
   alternes, 404
   correspondants, 404
   externes, 404
   internes, 404
   isométriques, 309, 406, 410
   opposés par le sommet, 406
   paire formant un angle droit, 408
   paire formant un angle plat, 410
Arbre, 314
Arc, 95
Archimède, 14, 30, 46, 244-245,
   250, 358
Arithme, 268
Arithmétique, 236
Arrondir, 169
Attribut, 88, *voir* Propriété

B

Badminton, 260
   zone de fond, 261
Base, 206
Basket-ball, 262
   bouteille (zone), 263
   ligne des lancers francs, 263
Bhâskarâchârya, 33, 52
Blé, 373
Bonaparte, Napoléon, 306
Brahmagupta, 272

C

Cardano, Gerolamo, 274
Carré, 39, 43, 50, 85, 88, 123
Catastrophe météorologique, 226
Centaine, 66
Centre de rotation, 189, 191
Cercle, 63, 95, 241
   circonférence, 248, 313, 315
   définition, 93
   diamètre, 241, 315
   et lettre π, 248
   mesure, 242, 248
   symbole, 250, 318
Cerf-volant, 49-50, 86, 88
   aire, 206
Chaîne d'opérations, 177
Changement climatique, 226
Chevron, 124
Chiffre, 149
Chine, 274
Chuquet, Nicolas, 11, 274
Circonférence
   d'un cercle, 248, 313, 315
   de la Terre, 352
Conjecture, 322
Contre-exemple, 93
Corde, 322
Cote +/−, 279
Crise du verglas, 227

D

Dallage, 142, 188, 195, 369,
   voir Figure plane
Décimale, 246-247
   voir Nombre décimal
Définition, 86, 88
Deltoïde, 424
Dénombrement, 398
Dessin, 36, 60, 71
Diagonale, 85, 88
Diagramme, 27, 28, 76, 79, 81, 115
   à bandes, 79
   à ligne brisée, 79
   circulaire, 79, 183, 185
Diamètre d'un cercle, 95, 242, 315
Diophante d'Alexandrie,
   236, 252, 268

D

Disque, 95
Distance, 99,102
   de la Terre à la Lune, 356-357
   mesure, 283, 350
Diviseur, 169, 377
Division, 18, 58, 61
   de fractions, 161
   de nombres décimaux, 166
   processus de, 167
Divisibilité, 379
Dizaine, 66
Droite, 194, 404
   numérique, 278
   parallèle, 43, 406
   perpendiculaire, 43
Duplication du cube, 148

E

Éclipse lunaire, 356
Éducation, *voir* Système scolaire
Effet de serre, 232
Égalité trouée, 253
Ératosthène, 116, 132, 148,
   352, 378
Esprit critique, 342
Étoile, 371
Euclide, 42, 84
Eupalinos, 374
Expérience aléatoire, 392
Expression algébrique, 176, 177
   valeur numérique, 177

F

Fibonacci, Leonardo, 10, 17
Figure, 149
Figure géométrique, 36-37, 39,
   42-45, 50, 88, 190,
   voir Quadrilatère,
   Transformation géométrique
Figure plane, 369, 422
Forme géométrique, 122
Forteresse, 366
Fraction, 5, 52, 71
   addition, 155
   comparaison, 282, 284
   division, 161

---

* L'index couvre les deux volumes du Manuel de l'élève A.
  Les pages 1 à 214 se trouvent dans le volume 1.

division par un nombre naturel, 163
division par une, 163, 294, 296-297
fraction d'une, 163
multiplication, 288, 290
probabilité d'un événement, 393
soustraction, 155
unitaire, 111
Frise, 140, 149, 189-191
Fuseau horaire, 371

G

Galiléo, 355
Gauss, Carl Friedrich, 376
Gaz à effet de serre, 233-235, 370
Gaz carbonique, 233
Géométrie, 36-37, 39, 122, 306
    euclidienne, 42, 84
Germain, Sophie, 376
Glissement, 190
Gotu, Hyroyuki, 249
Grands nombres, 64, 66

H

Hasard, 336
Hauteur, 207
Hexagone, 195, 202
Hypatie d'Alexandrie, 342, 358
Hypothèse, 115

I

Image, 149

J

Jeu d'échecs, 373
Jeu de Nim, 334
Jeu de société, 331
Jeu de Wythoff, 335
Jeu des neuf cartes, 333, 337

K

Kin-ball, 372

L

Latitude, 371
Lettre π (pi), 245, 249, 315

décimale, 246-247
et le cercle, 248
valeur, 250
Ligne, 258
Longitude, 371
Losange, 43, 50, 86, 88

M

Machin, John, 247
Manège, 325
Marcelis, Jacob, 249
Mayas, 248-249
Médiatrice, 319-321
Mesure, 425
Milliard, 66
Million, 66
Morgan, William G., 64
Moyenne arithmétique, 301, 303
Multiplication, 18, 58, 61
    de nombres décimaux, 166
Myriade, 30

N

Naismith, James, 262
Newton, Isaac, 247
Nightingale, Florence, 76
Nombre, 4, 30, 52, 64, 145, 149, 412
    écart, 280
    entier négatif ou positif, 5, 52
    fractionnaire, 157
    naturel, 5, 163
Nombre décimal, 5, 154
    division, 166, 169
    multiplication, 166, 169
Nombre négatif, 274, 278
Nombre premier, 376-377
    définition, 378
Note de musique, 364

O

Observatoire astronomique, 248, 316
Ombre, 352
Opération, 414
    sur des nombres négatifs, 278
Opération arithmétique, 18, 58, 60
Ordre de grandeur, 354

P

Parallèle, 116
Parallélogramme, 42, 43, 50, 86, 88, 194, 407
    aire, 204, 206
    angles opposés, 410
    base, 206
    hauteur, 206
Pascal, Blaise, 390
Pascaline, 390
Peace and Love – symbole, 250
Pêche aux cure-dents, 332, 334
Penrose, Roger, 369
Pentagone
    aire, 209
    convexe, 188, 202
Pictogramme, 68
Pied, 160
Playfair, William, 182
Plouffe, Simon, 247
Polygone, 144, 199, 202, 244-245, 369
    aire, 205, 206
Pouce, 285, 292, 299
Pourcentage, 27, 69, 71
Précipitations, 228-229
Principe multiplicatif, 398
Prisme, 123
Probabilité d'un événement, 393, 419
Probabilité – théorie, 390
Problème, 6, 12, 15, 30
    solution, 8, 13-14, 31, 46-47, 60, 117, 133, 149, 237, 253, 269
    validation de la solution, 343
    vérification, 9, 13
Proportion, 350
Proportionnalité, 384, 386, 417
Propriété, 87, 88
Protocole de Kyoto, 370
Puissance de dix, 354
Pylone électrique, 368
Pyramide, 123, 348
Pythagore, 250

Q

Quadrilatère, 39, 50, 85
    voir Parallélogramme
    aire, 204, 206

définition, 88
Quantité, 5, 53,
   voir Nombre, Taux
Quételet, Adolphe, 300

R

Raisonnement proportionnel, 417
Rayon, 95
Réchauffement de la planète, 232
Rectangle, 39, 43, 50, 86, 88, 194
Réflexion, 142, 149, 189, 191, 194,
   199
Retournement, 190, 194
Rice, Marjorie, 188
Roche, papier, ciseaux, 333, 338
Rotation, 142, 189, 191, 194, 195,
   199
Roue, 313

S

Schéma, 253
Sécante, 404
Secteur circulaire, 95
Sens des opérations, 60
Séquoia, 314
Sextant, 371
Shanks, William, 246
Soustraction, 18, 58, 61
   de fractions, 155

Station spatiale internationale,
   249, 389
Statistique, 420
Stevin, Simon, 154
Stratégie gagnante, 334
Symbole, 268
Système scolaire, 365

T

Tableau, 27, 28, 83
Tableur, 27
Taille
   mesure, 281, 300, 348, 350
Tangram, 210
Taux, 18, 22, 24, 27, 53
Télescope, 316
Température
   anomalie, 230
   et nombre négatif, 278
   mesure, 238, 281
   moyenne, 230, 232
   moyenne arithmétique, 303
Terrain de sport, 258
Thalès de Milet, 348, 402
Théon d'Alexandrie, 342
Transformation géométrique,
   141-142, 189-191, 195
Translation, 142, 189, 191, 194,
   199

Trapèze, 42, 43, 49-50, 86, 88
   aire, 206
   base, 206
   hauteur, 206
Triangle, 42, 123-124, 126, 194,
   307, 309
   acutangle, 323
   aire, 204, 206
   arithmétique, 390
   base, 206
   de Napoléon, 306
   hauteur, 149, 206-207
   isocèle, 308
   obtusangle, 323
   sommet, 149
Tunnel, 374

U

Unité, 66, 160

V

Variable, 177
Viète, François, 154, 176
Volley-ball, 264
Volume, 14

Z

Zéro, 5, 52
Zhang Zhuo, 249

RÉFÉRENCES ICONOGRAPHIQUES

Légende   d : droite, g : gauche, h : haut, b : bas, c : centre

Page couverture : Rubberball Productions/Getty Images • H. David Seawell/CORBIS (p. 223 hd, p. 225 bg) • Danny Lehman/CORBIS (p. 223 cg, p. 241 bg, p. 256 hg, p. 318 hg) • Chris Mather/Veer (p. 223 bd, p. 257 bg, p. 272 hg) • Megapress (p. 226 bg) • Digital Vision Ltd./SuperStock (p. 227 hc) • CP PHOTO/Jacques Boissinot (p. 228 hd, p. 229 hc) • Stéphane Poulin (p. 234 hc) • Lou Chardonnay/CORBIS (p. 235 hc) • Firstlight (p. 238 hg) • akg-images/Werner Forman (p. 242 hg) • Brooklyn Museum of Art/CORBIS (p. 242 cd, p. 256 cg vase) • akg-images/John Hios (p. 242 bg) • Réunion des musées nationaux/Art Resource (p. 243 hd) • akg-images (p. 244 hg) • Photothèque/Palais de la découverte (p. 246 hd) • Simon Plouffe (p. 247 hd) • Picture Finders Ltd./Firstlight (p. 248 c) • A.G.E. Foto Stock/Firstlight (p. 248 bg, p. 317 bd) • Doris Pfalmer (p. 251 hg) • Ashley Munro (p. 251 hd) • Duomo/CORBIS (p. 258 hd) • Mark Adams/SuperStock (p. 258 cg) • Hulton-Deutsch Collection/CORBIS (p. 260 hg) • Koopman/CORBIS (p. 260 hd) • Stone/Getty Images (p. 261 bd) • Bettmann/CORBIS (p. 262 hg) • Tom & Dee Ann McCarthy/CORBIS (p. 263 hg) • Reuters/CORBIS (p. 265 hc) • Tom Rosenthal/ SuperStock (p. 278 bg) • Fritz Polking/Frank Lane Picture Agency/CORBIS (p. 280 bd) • Richard Hutchings/CORBIS (p. 283 cd) • O. Alamany & E. Vicens/CORBIS (p. 297 bd) • Superstock (p. 299 hd) • Reuters/CORBIS (p. 313 bd) • Sébastien Gauthier (p. 316 cg, p. 316 bg) • Tom & Dee Ann McCarthy/CORBIS (p. 329 hd, p. 331 bd, p. 346 hg) • Reuters/CORBIS (p. 329 cg, p. 347, 362 hd) • Mark Coatsworth (p. 338 c) • ACDI (p. 345 c) • NASA/SCIENCE PHOTO LIBRARY/Publiphoto (p. 355 bd) • Roger Ressmeyer/CORBIS (p. 356 bc) • LWA-Dann Tardif/CORBIS (p. 364 cg) • Stéphane Paquette/École La Frontalière (p. 364 bc) • The Art Archive/Unterlinden Museum Colmar/Dagli Orti (p. 366 hg) • Norbert Blau (p. 366 c) • La Presse (p. 367 hg) • Hydro-Québec (p. 368 hg) • ANTHONY HOWARTH/SCIENCE PHOTO LIBRARY/Publiphoto (p. 369 cd) • Fédération Québécoise de Kin-Ball (p. 372 cg) • Michael S. Yamashita/CORBIS (p. 373 bd) • Hans J. Keller Switzerland (p. 374 ceg, p. 374 cg) • Science Photo Library/Publiphoto (p. 402 bd) • Archives de la ville de Montréal (p. 426 cg).